ÉNÉRAL LAMIRAUX

EX-COMMANDANT DE L'ÉCOLE DE GUERRE

ÉTUDE CRITIQUE DES PROJETS DE LOI

PORTANT RÉFORME DU

CODE DE JUSTICE MILITAIRE

POUR L'ARMÉE DE TERRE

ET MODIFIANT LE FONCTIONNEMENT DE CETTE JUSTICE

> « Les militaires ne sont pas des hommes d'une nature supérieure aux autres ; mais si c'est une illusion de leur part, elle est bien excusable, je dirai même plus, elle est bien nécessaire à des hommes qui immolent à leur pays leur liberté de tous les instants. » (Général de Clermont-Tonnerre, ministre de la guerre.)

PARIS

Henri CHARLES-LAVAUZELLE

Éditeur militaire

10, Rue Danton, Boulevard Saint-Germain, 118

(MÊME MAISON A LIMOGES)

ÉTUDE CRITIQUE DES PROJETS DE LOI

PORTANT RÉFORME DU

CODE DE JUSTICE MILITAIRE

Général LAMIRAUX

EX-COMMANDANT DE L'ÉCOLE DE GUERRE

ÉTUDE CRITIQUE DES PROJETS DE LOI

PORTANT RÉFORME DU

CODE DE JUSTICE MILITAIRE

POUR L'ARMÉE DE TERRE

ET MODIFIANT LE FONCTIONNEMENT DE CETTE JUSTICE

« Les militaires ne sont pas des hommes d'une nature supérieure aux autres ; mais si c'est une illusion de leur part, elle est bien excusable, je dirai même plus, elle est bien nécessaire à des hommes qui immolent à leur pays leur liberté de tous les instants. » (Général de Clermont-Tonnerre, ministre de la guerre.)

PARIS

Henri CHARLES-LAVAUZELLE

Éditeur militaire

10, Rue Danton, Boulevard Saint-Germain, 118

(MÊME MAISON A LIMOGES)

TABLE DES CHAPITRES

Un de mes collègues, auquel je suis
forcé, et je m'en excuse, de faire des em-
prunts, puisqu'il a été, je crois, l'un des
promoteurs du projet de loi sur la revision de la justice militaire, dit, dans
l'une de ses très intéressantes pages (1) :

« C'est une calamité de notre temps
que nos institutions soient ébranlées une
à une sous prétexte de réforme par les
professionnels de la politique. »

Je me garderai donc de verser en quoi
que ce soit dans la politique, mais il me
sera impossible de ne pas citer quelquefois des idées émises au sujet de l'armée
pour aider à ces réformes, et je commence tout d'abord par citer celle d'un des

---

(1) Journal le *Correspondant* (mai 1899).
Je crois être en droit de dire que le général a été un des promoteurs du projet de
loi, car il y a dans ce projet, nombre des
idées qu'il a émises et même des phrases co-
piées presque à la lettre, de son travail très
savant et très étudié.

ardents assaillants de la loi militaire, lequel dit carrément « que, dans une république, il ne peut y avoir d'armée républicaine sans enseignement démocratique » et par conséquent sans un code de principe démocratique.

Ces deux choses ne me semblent pas absolument indispensables, et c'est en ce sens que j'écris ces pages.

NOTE PRÉLIMINAIRE

Dans un discours prononcé à Toulouse en août, le ministre de la guerre, après avoir parlé du programme du gouvernement dont il fait partie, après avoir énuméré les divers changements qu'il a apportés à la constitution de l'armée, a ajouté qu'il lui restait encore, entre autres choses, à s'occuper de faire adopter la revision du Code de justice militaire.

Il a résumé, devant ses auditeurs, les dispositions principales du projet qu'il a déposé sur le bureau de la Chambre :

1° Rattachement à la juridiction ordinaire, en temps de paix, des crimes et délits de droit commun ;

2° Attribution à la cour de cassation des recours dirigés contre les jugements des conseils de guerre, en temps de paix ;

3° Faculté d'accorder des circonstances atténuantes en temps de paix ;

4° Votation des juges au scrutin secret ;

5° Réorganisation du recrutement des parquets militaires.

Je me propose d'étudier ces dispositions dans leur essence et sans parti pris.

En dehors de ces grandes lignes, on introduisait dans le nouveau Code quelques principes résultant de lois déjà votées, tels que l'application à la procédure militaire de la loi du 8 décembre 1897, la déduction de la prison préventive, la répression disciplinaire des infractions commises par les hommes de la réserve de l'armée dans leurs foyers.

⁂

Les dispositions absolument nouvelles sont assez nombreuses pour fixer l'attention. Elles portent sur ce qui suit :

1° Modifications à la procédure d'information et de mise en jugement et création de commissions d'accusation militaires analogues aux chambres de mise en accusation ;

2° Application de la mise en liberté provisoire aux inculpés militaires ;

3° Réduction du nombre des conseils de guerre permanents ;

4° Suppression de la minorité de faveur dans les conseils de guerre composés de sept membres ;

5° Application de la loi de sursis pour délits de droit commun ;

6° Application aux condamnés militaires des lois sur le casier judiciaire, la réhabilitation de droit et la libération conditionnelle ;

7° Remaniement des règles spéciales applicables aux diverses situations de l'état de guerre et de l'état de siège.

Puis — et c'est là le point important de ce projet de refonte — il est créé un corps de magistrats militaires dénommés « conseillers de la justice militaire ».

Ce corps, qui relève directement du ministre, a une hiérarchie propre de conseillers inspecteurs de 1re et 2e classe et conseillers de 1re, 2e, 3e et 4e classe, s'assimilant à tous les grades, depuis la 4e classe, capitaine, jusqu'à la 1re classe des inspecteurs, général de division, avec avancement exclusif au choix, cadre du personnel attaché de façon permanente aux parquets et aux conseils de cassation et proportion dans les différents grades analogue à celle du corps de l'intendance.

Recrutement de ce corps nouveau parmi les capitaines; admission au concours. Application lui est faite, en ce qui concerne les limites d'âge, les promotions au grade supérieur et les pensions, des lois et décrets généraux qui régissent l'armée.

En cas de mobilisation, il est fait appel aux conseillers de la justice militaire de la réserve ou de la territoriale.

Les projets.

N° 1. — Les documents parlementaires qui ont amené les questions relatives à la justice militaire sont une première proposition de loi présentée par 70 députés dans le courant du deuxième trimestre 1899.

Cette proposition, très intransigeante dans la forme, l'était moins dans le fond. Estimant que le plan suivi jusqu'ici pour la réorganisation de la justice militaire n'était pas suffisamment basé sur notre état politique et social, nos mœurs et « le génie de la nation », les députés demandaient tout d'abord des dispositions plus en harmonie avec la « civilisation actuelle », basant, disaient-ils, leur réforme sur « les besoins urgents » seulement.

Abordant, tout d'abord, la composition des conseils de guerre, ils eussent voulu y mettre deux juges, soldats, caporaux, sous-officiers, suivant que l'inculpé eût été soldat, caporal ou sous-officier.

Puis, regardant carrément les magistrats des parquets comme inférieurs à leur tâche, ils eussent voulu organiser dès ce jour un personnel nouveau de commissaires de gouvernement et de rapporteurs puisés dans l'armée active, la réserve et l'armée territoriale, ne comprenant que des licenciés en droit (1).

En ce qui concerne la compétence des tribunaux militaires, ils consentaient à regret, sous le prétexte que « tous les Français sont égaux devant la loi », à supprimer les conseils; mais, pour « ne pas soumettre aux surprises du jury l'application des lois pénales militaires, ils se bornaient pour le moment à demander la juridiction de droit commun pour les crimes, délits et contraventions de droit commun.

Le recours en cassation, « dont une affaire récente a démontré l'utilité », supprimait les conseils de revision.

Dans la procédure devant les conseils, la commission demandait le vote au scrutin secret, les circonstances atténuantes, le bénéfice du sursis et les motifs du verdict.

Enfin, dans la nomenclature des peines, l'on insistait sur la peine de mort en temps de paix, la trouvant odieuse, exagérée, superflue, ajoutant « que le maintien de la discipline s'obtient aujourd'hui par le développement de la dignité individuelle et du moral » et que « les peines correctionnelles suffisent ».

---

(1) Développer, dit le rapport, la science du droit, dans l'armée, « c'est lui inculquer plus profondément encore l'amour de la République, laquelle est basée uniquement sur le droit ».

La proposition de loi qui suit a seize articles de réforme. Elle dit que cette réforme ne contentera peut-être pas complètement ceux qui voudraient la réforme complète de nos codes militaires, mais qu'alors ce serait une refonte de longue préparation, ajournant encore les modifications reconnues nécessaires tout d'abord.

Ce que nous avons voulu, dit le rapport, est une note moins sévère, plus humaine, plus en harmonie avec la moralité de l'armée nouvelle, de la nation armée; c'est l'introduction, dans un code qui régit des millions d'hommes, de garanties auxquelles a droit tout accusé, et qui lui font aujourd'hui défaut.

Je ne puis que résumer ici ces exposés de motifs. Outre qu'ils prouvent une connaissance un peu superficielle des chozes militaires, ils ont été inspirés en partie par la politique.

N° 2. — Un autre projet, établi dans le même sens, mais moins intransigeant dans la forme, a été déposé dans le dernier trimestre de 1899.

Ce projet s'étaye tout d'abord de l'esprit du temps, dit-il, et des mœurs publiques devenues plus douces en ce qui concerne la justice, portant l'empreinte continuelle de la préoccupation constante d'atténuer la rigueur de l'instruction judiciaire et des peines, en introduisant dans le Code les moyens d'user d'une plus large indulgence à l'égard des coupables non pervertis.

« La justice militaire ne pouvant rester étrangère à ce mouvement et immuable dans son application, surtout depuis que l'armée se confond de plus en plus avec la nation, les auteurs du projet veulent briser la cloison entre la justice civile et la justice militaire, cloison qui n'a plus sa raison d'être. »

On s'occupe activement, dans la commission instituée au ministère de la guerre, de refondre entièrement le Code militaire ; mais, comme ce sera une œuvre de longue haleine, on a cru bon de détacher de l'ensemble quelques dispositions qui semblent pouvoir immédiatement se réaliser.

Tels sont :

Le rattachement des crimes et délits de droit commun à la juridiction ordinaire en temps de paix ;

L'attribution des recours à la Cour de cassation ;

Les circonstances atténuantes ;

Le scrutin secret ;

Le recrutement des parquets militaires.

Le rapport prend, l'une après l'autre, chacune de ces dispositions et les discute ; mais il le fait avec désinvolture et sans chercher à bien préciser les motifs par des observations indiscutables comme logique.

En ce qui concerne le rattachement des crimes et délits à la juridiction des tribunaux civils, peu importent les conflits, les longueurs possibles. L'intérêt est tout d'ordre démocratique et se résume par « le soldat restant citoyen et comme tel soumis à la loi commune ».

Le recours à la Cour de cassation s'étaye sur ce que les conseils de revision n'ont à examiner que des questions de droit, « dont la solution, étrangère à toute considération d'ordre militaire, paraît devoir être logiquement confiée à des magistrats de profession ».

Ce qui me semble peu logique puisque le projet veut à l'avenir un corps de justice militaire de licenciés en droit.

La faculté d'accorder les circonstances atténuantes peut naturellement se déduire des conditions nouvelles des principes de justice générale, mais pas beaucoup des arguments de la commission qui sont : « que l'on voit souvent dans les conseils de guerre des acquittements qui déconcertent « la conscience », et qu'on ne saurait obtenir des juges militaires que la sévérité de la peine n'eût pas d'influence sur leur verdict ».

L'adoption du scrutin secret se base tout simplement sur le moyen le meilleur d'assurer l'indépendance du juge.

Enfin le recrutement des parquets militaires, un peu filandreux dans son ex-

posé, tout en reconnaissant qu'il est bon,
avant tout, qu'un magistrat militaire
ait vécu dans l'armée, en connaisse l'esprit, les usages et les règlements, demande que les membres des parquets
passent des examens de droit civil et administratif, parce que, tels qu'ils sont,
choisis (à défaut d'autres) parmi « des
officiers retraités ou fatigués, ils ne sont
pas dans les conditions voulues pour ac-
quérir des connaissances ou modifier
leur tournure d'esprit ».

Le projet de loi qui accompagne l'exposé des motifs se compose de dix articles seulement.

Comme je l'ai fait remarquer, cet exposé, moins radical dans ses expressions
que le précédent, aboutit aux mêmes
idées, mais coupe court à des difficultés d'examen logique en vous disant carrément : « Nous n'avons pas à rechercher si la juridiction militaire a tel ou
tel défaut, mais à obéir à des motifs
« d'ordre supérieur ».

On ne peut mieux montrer le bout de
l'oreille.

N° 3. — Le projet de loi portant réforme du Code de justice militaire qui
m'occupe ici est du deuxième trimestre
1901. Il est la condensation, dans une
certaine mesure, des projets précédents
autant qu'il l'a pu.

Il comprend cinq livres, divisés en titres et en chapitres, ainsi qu'il suit :

Livre Iᵉʳ. — Organisation des tribunaux.

Titre Iᵉʳ. — Chapitre 1ᵉʳ : Conseils de guerre et de cassation permanents en France; Chapitre 2 : Conseils de guerre et de cassation permanents en Algérie.

Titre II. — Chapitre 1ᵉʳ: Conseils de guerre aux armées; Chapitre 2 : Conseils de cassation aux armées; Chapitre 3 : Dispositions communes; Chapitre 4 : Conseils de guerre dans les situations particulières (1); Chapitre 5 : Conseils de cassation dans ces mêmes situations; Chapitre 6 : Dispositions communes.

Titre III. — Conseils de guerre et de cassation aux colonies.

Titre IV. — Les prévôtés.

Livre IIᵉ. — Compétence des tribunaux.

Titre Iᵉʳ. — Chapitre 1ᵉʳ : Compétence des tribunaux militaires en temps de paix; Chapitre 2 : Compétence des conseils de guerre aux armée; Chapitre 3 : Compétence des conseils dans les situations particulières (1); Chapitre 4 : Compétence des conseils dans les cas de lois spéciales.

Titre II. — Compétence de la Cour de cassation et des conseils de cassation.

---

(1) Le Code entend par situations particulières les portions du territoire ou places de guerre comprises en temps de guerre dans la zone des armées.

Titre III. — Compétence des prévôtés.

Titre IV. — Compétence en cas de complicité.

Livre IIIe. — Procédure devant les tribunaux militaires.

Titre Ier. — Chapitre 1er : Procédure en temps de paix, commissions d'accusation, recherche des crimes et délits, police judiciaire, instruction, ordonnances du rapporteur, commissions d'accusation, mise en jugement, examen et jugement; Chapitre 2 : Procédure aux armées ou dans les situations particulières (1).

Titre II. — Chapitre 1er : Règles générales applicables aux recours ; Chapitre 2 : Procédure devant les cours de cassation militaires; Chapitre 3 : Procédure devant la Cour de cassation, recours contre le jugement, demandes en revision, règlement de juges; Chapitre 4 : Dispositions communes.

Titre III. — Procédure devant les prévôtés.

Livre IVe. — Crimes, délits, peines.

Titre Ier. — Les peines et leurs effets.

Titre II. — Chapitre 1er: Trahison, espionnage, embauchage; Chapitre 2 : Crimes et délits contre le devoir militaire; Chapitre 3 : Révolte, insubordination, rebellion; Chapitre 4 : Abus d'autorité; Chapitre 5 : Insoumission et désertion; Chapitre 6 : Vente, détournement, mise en gage, recel; Chapitre

---

(1) Voir le renvoi 1 de la page précédente.

7 : Vol; Chapitre 8 : Pillage, destruction, dévastation; Chapitre 9 : Infraction à la loi sur les réquisitions; Chapitre 10 : Faux en administration militaire; Chapitre 11 : Corruption, prévarication, infidélité; Chapitre 12 : Usurpation d'uniformes, costumes, insignes.

Titre III. — Contravention et répression disciplinaires.

Titre IV. — Dispositions générales.

LIVRE V^e. — CORPS DE LA JUSTICE MILITAIRE.

L'ensemble forme 374 articles.

AVANT-PROPOS

Il est de mode, de nos jours, de considérer comme ennemis du progrès tous ceux qui élèvent tant soi peu la voix devant les nouveautés réformatrices.

C'est un général, je crois, qui a dit, il n'y a pas longtemps, qu'il fallait « savoir régler sa montre sur son temps » et qu'il y réglait la sienne.

Ce serait simple, mais ce n'est pas absolument obligatoire.

On ne voudra pas, cependant, que, sous prétexte de me régler sur mon temps, je m'ingénie à préférer la peinture impressionniste que beaucoup de gens prétendent être « le progrès » aux beaux tableaux des maîtres de l'art. Dans le même ordre d'idée, vous ne voulez pas que, sous prétexte de progrès en musique, je m'extasie devant les maîtres étrangers qui passent aujourd'hui pour avoir le record de l'avenir, au détriment de ceux de mon pays.

Vous ne voulez pas, je suppose, que, sous prétexte qu'il faut sacrifier à la démocratie et aux théories nouvelles, je consente de gaieté de cœur et sans m'en plaindre, à ce que l'armée, qui est ma famille, mon bien, ma chose préférée, soit transformée en milice nationale, ou à ce que, dans le même ordre de sentiments, je m'incline de gaieté de cœur aussi devant les idées de quelques-uns.

J'ai élevé aussi souvent que je l'ai pu la voix contre les réformes que je considérais comme imparfaitement étudiées et souvent illogiques. Je le fais aujourd'hui contre le projet de réforme de notre Code militaire dans le sens où il est présenté, persuadé que, sans être docteur en droit, je m'y entends assez pour en parler, et avec certitude.

On ne s'étonnera pas, je pense, que j'aie emprunté, dans ces conditions, et pour soutenir ma thèse, les opinions de nombreux camarades qu'émeut la menace de certains articles de ce projet qui ne peut qu'émouvoir tout homme qui a un cœur de soldat. Ce sera un des coups les plus graves portés à l'armée.

Toute ma vie militaire, et elle est longue, j'ai entendu dire et j'ai pensé que les soldats n'ont d'autres juges naturels que les soldats.

Quand je pense que, pour obéir à des sentiments de défaillance de caractères, nos soldats vont devenir justiciables des tribunaux de droit commun, que l'on va attribuer à la Cour de cassation les recours contre les jugements des conseils de guerre, en temps de paix ; qu'on considère comme utile la votation du juge de ces conseils, qui sont des soldats, au scrutin secret, créant ainsi une sorte de « paravent pour les votes paradoxaux », j'en suis tout déçu.

Certes, je ne suis pas de ceux qui pensent qu'on ne devait pas essayer « de moderniser » un peu le Code militaire, de permettre aux juges des conseils de guerre « d'obéir mieux au sentiment d'indulgence qui anime tous les chefs de l'armée envers les soldats coupables ».

Mais je n'aurais jamais songé que, comme je le lis dans les notes d'un de nos distingués officiers, on eût l'idée de faire servir des modifications à la justice militaire, à mettre en doute la conscience des chefs militaires et à montrer de la défiance et du mépris pour l'intelligence de ceux qui portent l'épée.

I

DISCIPLINE

Aucune association, quelle qu'elle soit, quel que soit son but, ne peut arriver à un résultat sans discipline, c'est-à-dire sans l'union des individus en vue de ce résultat.

La discipline est donc une chose à peu près indéfinissable. C'est une sorte de règle de conduite commune à tous ceux qui font partie d'une association.

Lorsqu'il s'agit d'obtenir de gens associés « militairement » la perte absolue de leur indépendance, l'obligation d'obéir à tout ordre, quel qu'il soit, même à un ordre qui mène droit à la mort, on conçoit la nécessité de l'exagération même dans la discipline et dans la règle.

La sanction de cette discipline se résume dans les peines édictées par le Code de justice des armées de terre et par celui des armées de mer.

Du moment qu'on veut quand même

en bas l'obéissance, en haut l'autorité, il n'est pas d'autre moyen que de forcer les volontés.

Mais il est plusieurs moyens de le faire, des moyens moraux et des moyens physiques, des moyens qui préviennent les fautes avant ceux qui les répriment. Quelque chose qu'on fasse, qu'on se tienne à égale distance de la dureté et de la faiblesse : la discipline est chose rude à supporter, cela n'est pas douteux; il faut donc le tact nécessaire pour l'imposer. Il faut, comme a dit un jour un maréchal célèbre (Bugeaud), « s'efforcer, quand on a à conduire des hommes, de leur faire avaler la règle en long et jamais en travers ».

J'entends dire quelquefois que la discipline doit varier avec les institutions des peuples, avec le mode de recrutement, avec le caractère des gens et leur état social.

Ce n'est pas tout à fait vrai, cela. La sanction de la discipline est à peu près la même partout; tout au plus peut-on dire que, suivant les gens auxquels on a affaire, il faut faire plus ou moins prédominer les moyens moraux sur les autres, ou inversement.

Il est certain qu'on ne traite pas les hommes des compagnies de discipline ou des bataillons d'Afrique comme ceux des régiments; mais, en somme, les moyens restent les mêmes et consistent simplement à faire prédominer l'élément ou

les moyens moraux, l'élément ou les moyens physiques avec plus ou moins d'intensité.

Les écrivains qui, pour étudier la
question, ont été chercher l'historique des
peines dans les temps fabuleux ou au
moyen âge me semblent avoir fait fausse
route. Ce sont les lois qui sont en rapport avec l'état social, avec la composition des armées, mais la discipline n'en
reste pas moins uniforme.

Qu'on enrégimente des Arabes, des nè-
gres du Soudan, des Annamites de l'In-
de, c'est toujours le Code militaire qui
les régit, du moment qu'ils sont soldats.
C'est l'application du Code qui est dis-
tribuée avec plus ou moins de sévérité,
suivant l'état social des individus, mais
l'acte « discipline » reste le même; seulement, chez l'un, on s'adresse avant tout
à l'amour-propre et à l'honneur avec une
dose plus grande qu'avec l'autre.

On a dit avec raison que, dans certaines langues — l'arabe par exemple —
il y a dix mots pour exprimer une chose,
un objet; il n'y en a pas un pour exprimer le mot « honneur »; c'est chose inutile et indéfinissable. Ce n'est pas avec
ce mot que Mahomet a conquis le monde; c'est en faisant luire le paradis aux
yeux de ses soldats et en leur incul-
quant la haine de tous ceux qui n'étaient
pas mahométans.

On dit volontiers, quelquefois, que la

discipline repose sur les deux sentiments opposés de la crainte du châtiment et de l'espoir de la récompense. Ce n'est pas non plus là une idée absolument exacte, en ce sens que l'on peut baser sur ces deux sentiments, certes, l'obéissance, mais suivant la nature et non dans la collectivité. Qu'un chef, comme l'empereur, par exemple, avec une auréole de génie due à des victoires, demande de l'obéissance, la masse la lui donnera complète, sans compter. Ce n'est plus une crainte ni un espoir, c'est une question de confiance et d'attachement. C'est de la discipline par affection. L'espoir de la récompense excitera l'émulation, mais ne produira pas la discipline.

La sanction de la discipline se trouve dans le Code militaire, ai-je dit plus haut, et, comme preuve que la discipline est toujours la discipline et s'exerce toujours par les mêmes moyens et sur les moins bons, on peut remarquer que partout les Codes de justice sont à très peu près semblables quant aux peines et ne diffèrent que par l'organisation de la justice.

Par exemple, en Allemagne, il y a deux juridictions : l'inférieure, qui ne traite que des manquements militaires ; la supérieure, qui connaît des crimes et délits.

La mort, la détention, la prison, la privation des droits civils, le renvoi de l'armée, la cassation, les amendes et les arrêts sont les peines prononcées. Ceci en dehors, bien entendu, des punitions disciplinaires, telles que la réprimande pour les fautes de service.

Il y a cette particularité très ancienne, c'est que tous les chefs ne peuvent punir. Il faut qu'ils soient chargés d'un commandement, sinon il ne leur est pas loisible de prononcer une punition. Ils doivent seulement rendre compte des faits à celui qui est investi du droit de punir.

Cette disposition allemande de deux juridictions, suivant que les crimes ou délits ont plus ou moins d'intensité, n'existe pas en Autriche, où il n'y a, comme en France, que des tribunaux militaires de garnison, lesquels connaissent de toutes les affaires et ont, comme chez nous, au-dessus d'eux, une cour d'appel correspondant à nos conseils de revision.

Les dispositions relatives aux punitions sont à peu près les mêmes qu'en Allemagne.

L'Italie, qui avait les mêmes organisations de justice que la France, y a apporté, depuis son entrée dans la Triple alliance, quelques modifications qui la rapprochent du genre allemand.

La Russie a, comme organisation de justice militaire, trois genres de commissions : celle de régiment, celle de division et celle de corps d'armée, avec une sorte de cour d'appel à Saint-Pétersbourg, correspondant à notre conseil de revision de Paris.

Elle a, je crois, conservé — ce doit être la seule puissance avec l'Angleterre — le châtiment corporel, soit 50 coups de verge.

L'Angleterre a un système un peu compliqué au premier abord, qui se compose :

1° De la cour martiale générale, qui ne juge que les officiers et les hommes de troupe susceptibles, par leur crime, d'être condamnés à la peine de mort ou à la servitude pénale (une sorte de bagne pour cinq ans au moins) ;

2° De la cour martiale de district, qui juge les crimes et délits des hommes de troupe n'entraînant ni la mort ni la servitude pénale ;

3° De la cour martiale de régiment, qui ne juge que les crimes et délits entraînant au plus 42 jours de prison ;

4° De la cour martiale de compagnie (en campagne et hors de l'Angleterre seulement).

Je ne sais exactement comment jugent ces cours martiales qui sont les conseils de guerre; mais je sais, par expérience, que la sévérité des nôtres n'est qu'une légende et je prétends que le meilleur des jurys militaires est encore le nôtre, et le plus compétent dans les questions de discipline.

Et, plus encore, je prétends que, pour l'indépendance et l'impartialité, il égale les juges civils et que, pour l'intelligence, il les dépasse bien souvent. Que d'hommes sortis des prisons du conseil, acquittés, qui auraient été infailliblement condamnés par les tribunaux correctionnels !

II

LA DISCIPLINE ET LE CODE MILITAIRE

N'est-il pas bizarre de voir, dans notre beau pays de France, tout le monde s'oc cuper de « la discipline », crier sur les toits qu'il faut de la discipline, répéter ce mot dans tous les discours, obliger les ministres de la guerre à dire chaque semaine à la tribune : « Je ferai respecter la discipline » ? Sur cela seul on les applaudit. C'est sur ce mot de discipline qu'on renverse les cabinets, et qu'on donne acte de consécration aux nouveaux ministres.

De sorte que je me demande souvent si tous ceux qui en parlent savent bien ce que c'est que « la discipline ».

Et plus bizarre encore. Tous ceux qui crient à la discipline pensent à affaiblir le Code de justice militaire (et même les autres codes, s'il y a moyen), et cependant ce Code est l'énonciation et la base de la discipline. On semble l'ignorer.

Vous voulez de la discipline, et vous tempêtez journellement après les formes rudes du Code qui régit la discipline.

Et vous n'aurez ni cesse ni repos que vous n'ayez, avec des phrases sentimentales et démocratiques, créé, pour remplacer le Code, des lois de sensiblerie, comme celles qui ont suivi, après 1870, l'organisation de l'armée dite « nationale ».

Comme si les armées de Crimée, d'Italie, du Mexique et autres n'avaient pas été des armées nationales.

Comme c'est drôle, et comme tout cela se contredit !

Personne au monde ne suppose, voyons, qu'on peut compter, dans une démocratie pas plus qu'ailleurs, sur la soumission volontaire qui supprime dans une armée la nécessité de réprimer les fautes.

J'ai lu ou entendu dire qu'en 1870 — et on sait cependant si la France était bas en cette année terrible, avec son armée du Rhin vaincue et son armée de Metz bloquée — il y eut des localités où venaient se faire habiller, équiper et armer les hommes appartenant à la mobile. Ils arrivaient par crainte des gendarmes, ils élisaient leurs officiers, mais sitôt que ceux-ci leur demandaient quelque chose qui les ennuyait, la séance d'exercice deux fois le jour par exemple, ils s'y refusaient, sachant que ceux qu'ils avaient choisis eux-mêmes n'avaient aucun moyen de les réduire à l'obéissance.

Tout chef dont les ordres ne comportent pas de sanction sérieuse ne peut espérer la discipline.

Pour l'avoir, il faut une série de peines proportionnelles aux délits et aux crimes commis contre elle.

C'est la loi, c'est le Code qui est le régulateur de ces peines. Naturellement et nécessairement, tous les antimilitaristes, tous les sans-patrie, les mauvais soldats et les mauvais citoyens sont appelés à maudire le Code et les conseils de guerre qui sont chargés de l'appliquer.

Aussi, depuis qu'ils sont constitués, ces conseils sont l'objet des plus violentes attaques.

C'est pour ceux-là, surtout ceux-là, qu'est fait le Code, et il ne sera jamais trop dur pour frapper les révoltés. Les juristes philosophes qui sollicitent sans cesse des adoucissements à la loi semblent l'ignorer.

Adoucissez tant que vous pourrez, diminuez la peine, supprimez « la mort » : quelques modifications que vous apportiez à la loi militaire, il y aura toujours, soyez-en certain, des adversaires qui ne désarmeront pas.

Comment faire comprendre le mot « discipline », dans l'ordre militaire, à des esprits entichés d'idées philosophico-socialistes ? Ils vous parleront de la dis-cipline « politique », qui doit faire plier les consciences pour les besoins de leur cause; mais la discipline dont l'axiome est : « Quoi qu'il se passe, on ne doit jamais donner tort aux chefs devant leurs subordonnés », ils ne l'admettront ja-mais, quelque explication qu'on leur donne pour en faire ressortir l'indispen-sabilité.

En fait, voyons, la discipline est une chose fort simple que tout le monde sait et que tout le monde sent nécessaire. Seulement, on aime à crier contre elle suivant les circonstances. Par exemple, tenez, dans l'ordre politique, tous les gens d'opinions très avancées crient con-tre la discipline militaire, mais tiennent pour très bon d'appliquer la discipline dans leur milieu propre. Un de leurs amis devient député par force de la dis-cipline; il devient ministre par force de la discipline. Un ministère est aux abois, c'est la discipline de ceux qui le veulent ou l'acceptent qui le sauve. Vous voyez, au moment d'un vote, un membre de tel ou tel parti, qui voit son parti se di-viser, monter à la tribune et chercher à le rallier en invoquant « la discipline ».

De la discipline, il y en a partout — partout où il y a des gens qui exécutent des ordres et des gens qui en surveillent l'exécution. Il y en a dans les maçons qui bâtissent une maison, les mineurs qui extraient le charbon; les associations, quelles qu'elles soient, sont associations de par la discipline.

Dans l'armée, où il s'agit d'un travail particulier qui peut amener et doit amener l'individu à se sacrifier sur un simple signe qui lui est fait, il faut plus de discipline qu'ailleurs, cela se comprend. Tous les gens qui la composent le sentent et l'admettent; tous ceux que cette discipline gêne, parce qu'ils craignent l'armée avant d'y entrer, ou la détestent en la quittant, tous ceux-là n'ont d'autre but que de diminuer la valeur de l'association en hurlant « contre la discipline ».

C'est une chose abstraite, la discipline, une chose de bon sens. Ce n'est pas l'esprit militaire, l'esprit est autre chose : c'est la conséquence de l'esprit militaire.

Nos anciens acquéraient la discipline par l'esprit militaire lors du service à longue durée; avec le service à courte durée, cet esprit militaire ne s'acquiert plus avec la même intensité, naturellement; mais, comme il faut dans l'association « armée » la discipline, on l'impose avec plus de force.

Non pas de force matérielle, on ne le peut, puisque le Code pénal est là aussi bien que les règlements d'intérieur, mais par le moral, l'exemple, toutes choses qui ont dans notre armée beaucoup, beaucoup d'initiateurs.

Je ris lorsque j'entends les bourgeois

au pouvoir parler de discipline. Ils ne savent ce que c'est.

Il me souvient qu'un jour un de nos généraux avait commis un acte en somme assez bénin, répréhensible cependant. Ayant, sur une question d'organisation en discussion à lá Chambre, des idées très arrêtées, découlant évidemment d'expérience, il avait fait faire quelques copies de ses élucubrations et les avait fait parvenir à certains députés qu'il connaissait.

Tempête du ministre « civil ». Le général est appelé au ministère, décidé à défendre de son mieux ses idées. Mais il ne s'agissait pas de cela : « Je regrette, dit le ministre, que vous ne sachiez pas ce que c'est que la discipline. » L'autre ne répondit que très vaguement et poliment, mais sa réponse assez voilée voulait très bien dire : « Si je ne le savais pas, ce n'est pas vous, certes, qui me l'apprendriez. » Ce n'est pas là qu'est la discipline.

III

COUP D'ŒIL HISTORIQUE SUR LES LOIS MILITAIRES

I. — Deux de nos généraux ont successivement écrit l'historique des lois militaires : l'un les prend de fort loin et en a fait une sorte de monographie curieúse; l'autre, restant davantage au cœur même de son sujet, fait observer que ce n'est pas dans les temps antérieurs à la Révolution, « dans les vieilles juridictions des connétables, des prévôts, des présidiaux », qu'il faut chercher des enseignements et des lumières, et que, dans un travail de réforme, nous ne pouvons trouver là « aucun élément d'une utilité réelle » pour la reconstitution de notre législation militaire, si tant est, et ce paraît être son avis, qu'elle soit à refaire.

L'un et l'autre sont assez intéressants pour que je m'autorise de leur lecture et que je les résume en quelques mots.

Les Romains, si jaloux à Rome de leurs libertés civiles, les abdiquaient sans murmurer lorsqu'ils étaient aux armées. C'était pour eux le sacrifice en faveur de la discipline, et c'est la discipline qui leur a valu la conquête du monde.

Les pouvoirs du général qui les conduisait à la guerre étaient absolus en matière de justice militaire; il prononçait la sentence et elle était exécutée séance tenante.

On voit combien ils tenaient à la discipline des armées.

Voilà, avec, bien entendu, les changements qu'apportent les mœurs, des habitudes et la civilisation, l'origine et la base de ce que peut être la justice militaire dans un pays où l'on se pique, comme les républicains romains d'alors, de fierté pour la liberté et l'égalité.

En somme, comme le fait très bien remarquer le général, ce sont les lois romaines qui, dans l'ordre civil comme dans l'ordre militaire, sont encore le point de départ des nôtres.

Lorsque, bien plus tard, vint la vénalité des charges militaires, la vénalité aussi du recrutement des armées avec des soldats racolés à prix d'argent, les souverains se sont ingéniés à « régulariser le fonctionnement de la juridiction militaire », mais il y avait trop d'obstacles, et il y eut, par suite, beaucoup d'imperfections.

Tout était confus, dans un mélange

d'ordonnances, d'édits, de mandements empilés les uns sur les autres (1).

Telle était la situation en 1789 et quand vint la Révolution. Alors, on comprit mieux, a dit un ministre, « le lien de l'obéissance, le nœud de la discipline et l'obligation d'avoir de quoi serrer ce nœud dans les circonstances graves où l'on se trouvait. Ce qui sert à serrer ce nœud, c'est la justice militaire ».

« La législation qui commence à ce moment, dit un général, née au milieu des tourmentes et se ressentant de l'instabilité de l'ordre social, quoiqu'elle ait mesuré la répression, parfois, à l'imminence et à l'étendue du danger que faisaient courir aux institutions nouvelles le concert séditieux des chefs et l'indiscipline des soldats, est le point de départ de celle actuelle, par les principes qu'elle a posés en matière d'organisation, de compétence, de procédure et de pénalité.»

J'ajoute que nous n'en sommes pas là cependant, avec nos idées de vouloir tout bouleverser.

Donc, la législation militaire de cette époque a effacé toutes les précédentes.

____

(1) Voir le journal *le Correspondant* du mois de mai 1899, pour les articles de M. le général Bourelly ; voir le journal *la France militaire* de mars 1901, pour ceux de M. le général Luzeux.

Elle n'était pas évidemment un idéal ; mais elle a servi de base dans toute la période du Consulat, de l'Empire, de la Restauration, en 1830 et en 1848, et on la retrouve sous le second Empire, dépouillée, bien entendu, de ses éléments révolutionnaires, car la loi de 1857, qui est encore celle d'aujourd'hui, a passé par toute la filière de ces périodes avant de venir au jour.

Le Code qui suivit la Révolution est de 1791.

Il était très remarquable pour l'époque, mais chaque année, depuis 1794 jusqu'à 1797, y apporta des changements, ce qui était très naturel, à mesure que l'on avait besoin de troupes aux frontières et que l'on sentait la nécessité croissante de l'obéissance et de la discipline.

On avait tablé le Code de 1791 sur la paix avec tout le monde ; peu à peu, il fallut le tabler sur la guerre avec l'Europe coalisée.

N'en est-il pas de même toujours pour ce qui touche aux choses militaires, et n'a-t-on pas dû écrire au frontispice des règlements que « tous les exercices et les théories doivent être faits en vue de la guerre et jamais en vue de la paix » ?

C'est pour cela qu'en 1857, lorsqu'on voulut, après tant de tergiversations depuis la fin du premier Empire, substituer un Code nouveau à celui qui émanait des premières années de la Révolution, on dut, pour contenter tout le monde, établir l'état de paix, l'état de siège, l'état de guerre.

Et à ceux qui le trouvent trop dur et trop sanguinaire (c'est un terme dont on se sert souvent), je ne puis que répondre : Lisez ceux de 1791 et suivants, et vous verrez. Tout ce qui touche à la subordination est puni sans miséricorde, et sur 130 ou 140 peines de tout genre, on prononce « la mort » presque pour un quart.

Napoléon s'est peu occupé du Code militaire. Il n'en avait pas le temps. En fait, celui de la Révolution, augmenté et arrangé, suffisait à ses besoins. Et puis, il n'y regardait pas de si près pour créer des conseils d'exception. Mais, après lui, on sentit la nécessité de remédier à la confusion que de trop nombreux ordres et dispositions avaient créée.

Seulement, il n'y eut qu'une succession de projets qui n'aboutirent ni les uns ni les autres. On eut successivement la Restauration, la Révolution de 1830, celle de 1848, et on avait autre chose plus pressé à faire.

Gouvion-Saint-Cyr mit un de ces projets en train; puis ce fut Clermont-Tonnerre; après lui, le vicomte de Caux, puis le maréchal Soult. De telle sorte que ce n'est qu'après quarante ans passés d'efforts stériles, qu'en 1857 le général Allard et M. le conseiller Foucher déposèrent la loi qui, avec certaines modifications évidemment, est encore en vigueur.

Des modifications à une loi, certes, il en faut; mais cette série même de discussions, dont je viens de faire en quelques lignes le résumé, montre combien il faut de prudence pour toucher au fond des dispositions de la justice militaire.

II. — Si j'insiste un peu sur ce semblant d'historique de la justice militaire, c'est parce qu'il est utile de faire voir à quelle confusion on peut arriver avec les remaniements de la loi et combien il faut solliciter la prudence lorsqu'il s'agit de changer les formes d'un Code.

J'ai dit, il y a un instant, le peu de chose qui s'était fait en ce genre sous le règne de Napoléon Ier, et cependant jamais il n'y eut tant de guerres, et jamais la France ne fut soumise à pareille épreuve militaire.

Ce n'est pas que le souverain ne s'intéressât pas aux questions de justice.

Au contraire, on le voit, en 1807-1808, s'occuper avec ardeur, à ses moments d'oubli de ses campagnes, de la refonte des lois. Le Code Napoléon en est la preuve.

Mais on n'osait, au milieu des fouillis et du fatras de la justice militaire, car il y avait eu depuis la Révolution 20 ou 25 décisions ou décrets entés les uns sur les autres, y mettre la main.

L'empereur, je dois le dire, et je le dis d'autant plus volontiers que je défends

ici même la thèse contraire, avait, soit
par habitude, soit par réflexion, des idées
très arrêtées. On est citoyen, disait-il,
avant d'être soldat; il faut que les délits
soient soumis tout d'abord à la juridiction commune.

De là, il concluait à confier aux cours
impériales la connaissance de tous les
délits commis à l'intérieur. Ces cours
impériales devaient instruire les affaires,
et ce sont elles qui, si le délit leur paraissait essentiellement militaire, renvo-
yaient le prévenu à son corps, où venait
le prendre la justice militaire.

Lorsque le contentieux du Conseil d'E-
tat était occupé à faire le Code pénal
(Napoléon), il y eut discussion, raconte-
t-on, sur l'utilité de mettre dans ce Code
ce qui était relatif aux crimes et délits
militaires. Les avis, et cela est fort curieux, furent partagés. La majorité opina
contre.

Mais on mit, dans le projet, deux articles fort suggestifs, numéros 5 et 6, ainsi conçus :

« Les dispositions de « ce Code » ne
s'appliquent pas aux délits et aux crimes
militaires. »

« Les contraventions, délits et crimes
militaires sont : ceux commis par des
militaires en service; ceux commis envers des militaires en service; ceux commis par quiconque en un lieu militaire. »

L'espionnage, l'embauchage, la désertion, le refus d'obéir et enfin tout acte

commis contre le service militaire sont crimes militaires.

Ce n'était pas très clair, et c'est ce que fit ressortir l'empereur dans la séance du conseil où se lirent ces articles.

Après une discussion sur ce sujet des membres du conseil, il prit la parole pour dire que « les crimes et délits commis à l'occasion du service ou dans le service » lui paraissait une expression un peu vague.

« De deux choses, l'une, ajouta-t-il : il faut décider ou que, comme sous les parlements, les juges civils auront connaissance, pour l'armée, de tous les délits de droit commun, ne laissant à la juridiction militaire que les délits que les militaires seuls peuvent commettre, ou que tout délit commis par un militaire est un délit militaire. »

Il ne laissait, on le voit, aucune marge au conseil, mais il ne cachait pas, en dehors des séances, ses opinions : « Les délits militaires sont seuls du ressort des tribunaux militaires; les autres, même commis par des militaires, sont de la compétence des tribunaux ordinaires. »

Il faut se transporter à ces temps-là, à la forme d'un gouvernement autocratique exagéré, à l'éducation de l'homme qui gouvernait, à son esprit de domination, pour comprendre cela. Il était le maître, et en donnant satisfaction aux magistrats ordinaires, il ne s'inquiétait guère de difficultés qu'il était toujours à même de briser.

IV

PRINCIPES GÉNÉRAUX. — MOTIFS EXPOSÉS
DANS LE PROJET DE LOI

Il est vraiment curieux que, voulant détruire le monument élevé par la loi du 25 avril 1857, on emprunte tout d'abord à celui qui présentait cette loi à la Chambre la philosophie de son projet.

« La scène du monde, disait ce rapporteur, change sans cesse; les lois succèdent aux lois, et chaque époque y laisse l'empreinte de son esprit, de ses besoins, souvent de ses passions. Puis vient le temps d'élever un monument durable : l'expérience a parlé, la lumière s'est faite. On sépare ce qui est bon et vrai de ce qui n'était que le besoin ou l'erreur d'un moment. »

Et l'on ajoute que ces considérations n'ont rien perdu de leur valeur et trouvent aujourd'hui et toujours leur application.

Mais c'est certain, cela. Le Code de

1857 va avoir un demi-siècle. Dans ce demi-siècle, un profond changement s'est opéré et dans la forme du gouevrnement, et dans les esprits, et dans les mœurs.

C'est incontestable : le Code était élaboré pour une petite armée permanente, d'effectif limité chaque année, ne recevant, par suite, qu'une partie relativement faible des contingents.

Aujourd'hui, il s'applique à la période pendant laquelle tous les Français, sans exception, reconnus propres au service militaire, portent l'uniforme. La composition de cette armée est absolument différente; il y a des catégories de soldats servant plus ou moins longtemps; il y a des réserves et des territoriaux ayant à exécuter des périodes d'instruction. Il y a enfin des centaines de mille hommes que la mobilisation peut amener d'un jour à l'autre à prendre les armes pour se joindre à l'armée active.

Personne, certes, ne niera qu'il ne faille des modifications. Mais, puisqu'on prend en quelque sorte pour épigraphe la phrase du rapporteur de 1857, on pourrait, tout au moins, éviter, dans ces modifications, « l'empreinte des passions du moment » dont il parle.

« Une réforme radicale s'impose, ajoute l'exposé des motifs; c'est la réforme complète du Code de justice militaire. »

Il est indéniable que c'est là surtout que devait se produire la réforme, car le Code de 1857 ne prévoit rien et ne pouvait d'ailleurs rien prévoir pour le cas de mobilisation.

On a bien, en 1875, prévu cette mobilisation, décidé ce qui concernait les réserves et l'armée territoriale.

Mais, de l'avis unanime de tous ceux qui ont le sentiment de la justice militaire, l'Assemblée qui a voté ce code nouveau a fait de la sensiblerie qui ne répond en rien aux exigences de la guerre.

C'est un ensemble sans valeur auquel on ne doit pas, on ne peut pas se tenir.

Il faut dès le temps de paix, et en vue de la guerre, une loi martiale promulguée et connue. Si elle n'est pas faite, il faudra la faire au moment de la guerre. Mieux la vaut tout de suite.

Tout le monde convient que l'appel des réserves et de la territoriale ne se fera pas avec l'entrain du temps de paix, et personne n'ose le dire et ajouter qu'il faut, pour forcer les gens, « une loi de guerre ».

On n'attend pas, on l'a dit très justement, le jour de la mobilisation pour mettre dans les cantines d'ambulance les instruments de chirurgie.

***

« Les lois votées dans les dernières années, dit le Projet de modifications au fonctionnement de la justice militaire, accusent toutes la préoccupation de multiplier les garanties de la défense, d'atténuer les rigueurs de l'instruction, de donner aux juges des moyens d'user de plus grande indulgence suivant le caractère des coupables, de favoriser l'amendement de ces mêmes coupables par des atténuations de peine. »

Tout cela amené par le profond changement apporté aux mœurs et à l'esprit public. A cela rien à dire.

« La justice militaire, ajoute le Projet, ne devait pas rester étrangère à ce mouvement, immuable dans ses règles, inflexible dans leur application.

» Alors que l'armée tend de plus en plus à se confondre avec la nation elle-même, ce serait une étrange illusion que de prétendre élever entre la législation civile et la législation militaire une impénétrable cloison. »

De quelle cloison veulent parler les auteurs du Projet? Est-ce que, en maintes circonstances, la justice militaire n'emprunte pas à la justice civile, n'applique pas les peines du Code civil? Mais si vous entendez par là que, de ce que quelque sensiblerie se glissant dans les procédés de la justice civile, il faut qu'elle se glisse aussi dans les procédés de la justice militaire, ici aucun vrai soldat ne vous suivra.

Libre à certain président civil de réformer à sa fantaisie la législation courante et d'avoir l'air d'appliquer la loi, d'acquitter carrément un voleur, par exemple, sous prétexte qu'il avait faim, et que, privé des plaisirs de ce monde, il n'était pas fâché de faire un bon dîner une fois dans sa vie : cela est son affaire; mais, à ce compte-là, alors, on aurait mille occasions de passer outre à un délit militaire, sous prétexte que celui qui l'a commis est un pauvre diable auquel le gouvernement donne un sou par jour pour s'offrir des douceurs. A ce compte-là, de même que le maréchal Niel, en 1857, a répondu à ceux qui auraient voulu atténuer les peines pour les crimes et délits du temps de guerre que l'on trouvait trop sévères, « en temps de guerre, toutes les circonstances sont atténuantes ».

A ce compte-là aussi, on pourrait, en appliquant les idées du président dont je parlais tout à l'heure, dire que tout crime et délit est atténuable pour un homme de vingt ans que l'on arrache à son foyer familial, à ses habitudes, à son métier, pour lui en faire faire un auquel il n'est en rien préparé, et pour le soumettre, lui, un demi-indépendant, à une sujétion et à une obéissance complètes.

C'est précisément là, et les auteurs du Projet de justice militaire semblent n'avoir pas voulu s'y arrêter, c'est précisément là ce qui fait et fera toujours, tant qu'on voudra avoir une armée digne de ce nom, la barrière entre les deux justices civile et militaire.

L'une complète l'autre, mais ne peut pas lui ressembler.

Tous les jours, on dit et on écrit que le passage d'un temps quelconque sous les drapeaux, un an, deux ans, trois ans, suivant les cas, a un but précis : l'instruction et l'éducation militaires.

C'est la préparation à la guerre.

Eh bien ! comme préparation à la guerre, il ne suffit pas de savoir marcher, courir, tirer, manœuvrer, monter à cheval, supporter la fatigue; il faut encore, et je me sers là des propres paroles d'un des doyens de nos généraux dont le nom est sur toutes les lèvres, il faut encore être préparé à « la discipline », qui est le premier des éléments du succès.

Si, par des exercices gradués et bien compris, vous ne portez pas à peu près au maximum l'instruction et l'éducation militaires, vous ne sauriez espérer que, la guerre venant, vous puissiez obtenir autre chose que des troupes sans cohésion sérieuse; si, par une forte discipline du temps de paix, vous ne soumettez pas les hommes à une pression dont ils comprennent presque tous la nécessité, vous ne l'obtiendrez jamais en temps de guerre d'une façon suffisante pour parer aux événements, quelquefois terribles, qu'elle amène avec elle.

Et je défie à qui que ce soit d'étayer cette discipline, même du temps de paix, sur autre chose que la répression sévère des fautes.

Il en est qui diront qu'il y a d'autres moyens que la crainte; que les sentiments d'honneur et de patriotisme amèneront bien des esprits à se courber. Je n'en disconviens pas.

Mais le Code, que vous trouvez si sévère, n'est pas fait pour vous ou moi; il est fait pour les esprits rebelles, pour les gens de nature violente et irritable auxquels toute pression semble une tyrannie odieuse. Si vous n'avez pas « un épouvantail » pour les contenir, a dit le général dont je viens de parler, ils suivront leur penchant, seront un exemple dangereux pendant la paix, démoralisant pendant la guerre.

Vos exercices du temps de paix assouplissent les collectivités pour ceux du temps de guerre. La pression disciplinaire du temps de paix, représentée dans son ordre le plus élevé par le Code, assouplit les états moraux pour le temps de guerre.

Et tous les anciens qui ont fait beaucoup la guerre et qui ont eu à conduire des hommes amenés sous les drapeaux par trois ou quatre modes de recrutement successifs souriront quand ils entendront se plaindre de la sévérité du Code et des adoucissements nécessaires, parce que de ces adoucissements il n'y a que de mauvais soldats qui profiteront, et qu'à ceux-là on ne doit rien.

V

DE LA JUSTICE EN GÉNÉRAL ET DE LA JUSTICE MILITAIRE EN PARTICULIER

Je confesse humblement que je ne suis pas de force à traiter de la justice; je ne puis que condenser les idées et les thèses des jurisconsultes et les exprimer dans une langue de plus facile lecture, je crois, que celle du droit.

Tous les jours, dans le monde, on entend signaler des erreurs dans l'histoire, des erreurs dans la science, des erreurs dans les lois de la justice, et, par un sentiment particulier tenant en quelque sorte à l'instinct social, qui est le meilleur de tous les instincts, celles de la justice nous émeuvent bien plus que les autres.

La justice? Mais c'est ce qui préoccupe avant tout les foules dans tous les pays, c'est la trame de l'imagination où elles se complaisent le plus.

Que quelqu'un vienne à se plaindre de

la justice militaire, à déclarer qu'elle enlève aux citoyens la garantie principale des lois; que quelqu'un fasse un tableau noir des tribunaux militaires, traite les juges d'ignorants, leurs sentences d'arbitraires, leurs décisions de sanguinaires, tous ceux qui le lisent ou qui l'entendent s'émeuvent profondément.

Le plus souvent, ceux qui livrent assaut à l'institution de la justice militaire ne sont inspirés par aucuns sentiments philosophiques ni philantrophiques.

La recherche de la vérité leur importe peu, ils font de la politique, rien que de la politique. On le sent, on le comprend, et, cependant, il y a des gens, et beaucoup, dont ces élucubrations vont agiter l'esprit dans ce qu'il a de meilleur.

Le pouvoir formidable dont la justice, en général, dispose dans l'ordre militaire comme dans l'ordre civil, amène la société et, dans la société, tous les hommes, les bons comme les mauvais, à accorder une sorte « d'attention » passionnée à son organisation. « On voudrait, dit quelqu'un, et on le fait souvent *in petto*, en pouvoir contrôler le fonctionnement. On souligne ses errements ou ce qu'on regarde comme ses errements, on invente soi-même des correctifs à ces errements. »

Rien comme la justice ou au moins plus qu'elle ne touche le sens moral du public. Rien n'a intéressé comme la discussion et l'acceptation de la loi de sursis dite loi Bérenger. Les décisions du président Magnaud, quelque discutables qu'elles paraissent aux vrais jurisconsultes, sont une joie pour tous ceux qui s'intéressent à la lecture des faits divers des journaux (1).

Pour bien fixer les esprits, et c'est, du reste, dans le but de faire cette citation, je ne puis mieux que de copier la magistrale thèse de M. Taillefer, ex-officier, devenu avocat à la cour d'appel, sur la justice militaire. Nombre de mes lecteurs l'ont certainement lue, et eux-mêmes, j'en suis certain, en la retrouvant ici, en admireront la beauté et la forme.

***

« La justice est le premier besoin

---

(1) Je suis obligé de citer le nom du président du tribunal de Château-Thierry. Nombre de ses décisions montrent avec quelle facilité on peut prendre de travers ce qui s'appelle communément « le droit ».

Je ne voudrais pas citer ici quelques-uns de ses « attendu que ».

Il en est qui, en théorie, sont presque acceptables ; il en est d'autres qui semblent gouailler la loi elle-même.

Qui vous dit que vous ne trouverez pas, dans les tribunaux civils, des magistrats, invulnérables dans leur inamovibilité, qui vous diront carrément « l'incompatibilité de la juridiction militaire avec les lois qui régissent la généralité des citoyens » ?

d'une armée, comme le premier besoin d'un peuple.

» On s'est demandé s'il fallait pour les militaires une juridiction particulière, et c'est affirmativement qu'ont répondu tous les jurisconsultes législateurs. Cela apparaît dès les peuples de l'antiquité et s'est continué jusqu'à la fin, quoique, à maintes reprises, il faut le dire, on ait proclamé la compétence des tribunaux ordinaires pour les délits de droit commun.

» Un moment, au milieu du dix-septième siècle, on fit des essais, on voulut remettre à la justice non militaire le soin de s'occuper de la discipline dans l'armée, et, dans notre peuple si jaloux de tout temps des formes judiciaires et de l'apparence, tout au moins, de la liberté, il fallut y renoncer. On l'essaya à nouveau sous la Révolution, mais toutes les tentatives furent éphémères.

» Donc, de tout temps, il y a eu une juridiction particulière pour l'armée. On a dit que c'était pour elle une faveur, un privilège. Mais non! Car le Code de cette juridiction est sévère et plutôt un régime de rigueur que de faveur.

» Certes, les mêmes règles morales régissent. Ce qui est bien chez les citoyens reste bien chez les militaires ; mais la profession a, outre des règles morales générales, des règles particulières rigoureuses, des devoirs particuliers indispensables ; il lui faut donc, par suite, des répressions particulières aussi.

» Est-ce que les magistrats, les avocats, les notaires n'ont pas, à côté de la juridiction ordinaire, une juridiction particulière à eux, en cas d'infraction à leurs devoirs ?

» C'est Napoléon lui-même qui a dit :

« On est citoyen avant d'être soldat. » Comme citoyen, le soldat a des règles » communes à tous; comme soldat, il a » des devoirs spéciaux garantis par une » loi spéciale. »

» Est-ce parce que la forme de l'armée a changé qu'il faut changer aussi les principes? Est-ce parce que la nation s'est faite armée qu'il faut rompre avec les règles connues ?

» Evidemment, nous ne sommes plus les mercenaires du moyen âge, ni les engagés volontaires enrôlés de la monarchie ; nous ne sommes pas davantage les soldats de la Révolution ni des deux Empires : nous avons un service militaire de courte durée, et cependant il ne saurait être douteux que les charges militaires sont plus lourdes qu'autrefois et pèsent davantage, en raison même de ce qu'elles touchent tout le monde.

» Et, d'ailleurs, est-ce que le but de l'armée diffère de ce qu'il a été de tout temps : maintenir l'ordre au dedans et l'indépendance au dehors, avec la garde d'un matériel énorme à entretenir, à améliorer pour s'assurer le succès en cas de besoin ou de conflit?

» Pour faire tout cela, il faut un élément moral, et, pour cet élément moral, il faut la discipline ; et, pour la discipline, il faut que ce soit ceux qui ont fait du commandement et de l'obéissance la règle de leur vie qui décident les choses de la discipline.

» Il faut que ce soit un pair qui pratique lui-même les habitudes et les devoirs du coupable que celui-ci trouve devant lui, indulgent sans péril, pratiquant la justice sans soupçon.

» Comment, devant des juges ordinaires, trouverait-on un jugement équitable, puisqu'ils ne peuvent avoir le sentiment vif et profond du devoir militaire qu'ils ne connaissent qu'imparfaitement?

» Lorsqu'un délit, et c'est le cas de beaucoup, dans le Code, est puni de manière qui semble disproportionnée avec la perversité morale du coupable, il reste sans punition !

» Une parole insolente, un geste irréfléchi, une menace, le regret de la vie d'indépendance et de liberté, telles sont les fautes fréquentes du soldat.

» Evidemment, elles ne donnent pas toujours l'indication de la perversité; elles sont spontanées le plus souvent, et cependant on les frappe sans pitié.

» Et cela est juste. Parce que la criminalité, là, ne se mesure pas au motif qui la suscite, mais aux conséquences qu'elle entraînerait. Et mieux préparés que d'autres sont les juges qui savent que la sévérité est un droit et un devoir envers le pays plus encore qu'envers l'armée.

» L'existence de la justice militaire est nécessaire et légitime. »

On ne saurait mieux, quoi qu'en puissent penser les sociologues, exprimer ces hautes pensées, ni plus éloquemment.

Et je ne puis mieux terminer qu'en mettant ici les paroles toutes spontanées d'un de nos éminents écrivains, un homme sage, pondéré qui voudrait la justice humaine et l'autorité bienveillante :

« Certaines situations que j'ai occupées dans ma vie, dit-il, ont fait passer sous mes yeux des centaines de dossiers de conseils de guerre. Toujours, en parcourant ces procès-verbaux d'audience, j'étais frappé de la façon « paternelle » dont les juges militaires traitent les accusés qui comparaissent devant eux. Bien des magistrats civils n'ont pas cette bienveillance et ce souci de cordiale équité. »

VI

LA JURIDICTION ORDINAIRE

Le rattachement à la juridiction ordinaire
en temps de paix des crimes et délits de
droit commun, sauf ceux commis dans
l'exécution du service.

Comme il y a longtemps que cela se
discute !

Déjà, dans un rapport du temps de la
Restauration, je lis : « Même pour les
délits purement militaires, les conseils
de guerre ne sont déjà que des tribunaux
d'exception; on ne saurait, sans violer
tous les principe, étendre, en temps de
paix, leur compétence au delà de cette
limite. Sur quoi pourrait-on se fonder
pour enlever aux citoyens les garanties
que la loi leur accorde dans les formes
solennelles des tribunaux ordinaires et
plus encore dans les lumières et l'expé-

rience des magistrats? On est citoyen français avant d'être soldat. »

C'est d'un jurisconsulte, cette phrase, et cependant que de choses à y redire, que d'erreurs à y remarquer! C'est la vieille lutte, le perpétuel conflit qui, sous Louis XIV, sous Louis XV, était à l'état latent entre la justice civile des vieux régimes et la justice militaire, aussi confuses l'une que l'autre.

Aujourd'hui, on met moins de gants pour traiter ces questions et on écrit carrément (c'est à n'y pas croire) :

« L'existence des tribunaux militaires dans les délits de droit commun est un non-sens. Un soldat est avant tout un citoyen français. Pourquoi le soustraire aux juges naturels des citoyens français pour le traduire devant ses chefs constitués en tribunal correctionnel et pénal?

» Ces juges, « ignorants en droit comme des carpes », n'oublient jamais qu'ils sont les chefs des accusés et leur infligent des peines exorbitantes.

» Il est même « ridicule » de voir des conseils de guerre prononcer en temps de paix des condamnations pour atteinte à la discipline. Il n'y a pas d'atteinte à la discipline qui mérite d'être punie au delà de 60 jours de prison, que peut toujours prononcer un chef de corps d'armée, car, s'il y a insultes, outrages, voies de fait, c'est un délit de droit commun dont devraient connaître les juges de droit commun (1). »

Ce n'est évidemment pas à ceux qui traitent la question sous cette forme que je veux répondre.

Mais, à côté d'eux, il y a ceux qui agissent dans un état d'esprit moins sectaire, mais cependant dangereux, parce qu'ils ne se rendent pas absolument compte du coup qu'ils portent à l'organisation de la défense nationale.

Pour ceux-là, la chose paraît toute simple, plus en rapport avec nos idées du jour et nos besoins démocratiques, et ils comprennent très bien, sans essayer même d'y voir des inconvénients, qu'on apporte des changements à la justice militaire comme on en apporte à toute chose de nos jours.

« Notre désir, vous disent carrément quelques-uns de nos députés, est que, dans l'intérêt des soldats, de la discipline elle-même et surtout de l'équité, on ne fasse plus intervenir les conseils de guerre en temps de paix, là où se trouvent

---

(1) Je cite cette phrase parce qu'elle résume toute la quintessence de ces romans à scandales de Descaves, de Zola, etc., qui ont paru dans ces dernières années, appuyés par les plaisanteries de Courteline avec lesquelles on amuse tant les foules.

des tribunaux de droit commun, que pour prononcer sur des fautes militaires.

» En principe, à l'heure actuelle, le militaire est totalement soustrait à l'action de la justice civile, ce qui est une injustice flagrante, sans raison d'être, pas même la raison de discipline. »

Et à l'appui (c'est si facile à inventer), on vous raconte une série d'historiettes sans valeur, où un soldat quelconque, qui a commis une contravention quelconque, est, parce qu'on le rencontre en uniforme, soustrait à la justice de paix pour être puni par l'autorité militaire.

Toujours l'éternelle histoire du soldat-citoyen qui, pour quelques-uns, est passée à l'état d'axiome.

Quel axiome ! Et combien discutable !

« Les tribunaux civils, dit le Projet, connaissent en principe de tous les crimes et délits de droit commun. »

C'est l'axiome cela, mais sous condition qu'on y ajoute : « ... commis par les citoyens soumis aux lois civiles » — et non par les Français soumis au régime et aux lois militaires.

Comment ! vous ajoutez— peut-on être plus jésuitique ? — que « l'application de la règle n'a pas à se justifier », que « c'est à ceux qui prétendent y déroger qu'il appartient de justifier les exceptions qu'ils proposent d'y apporter » !

« Le gouvernement, dites-vous, n'a pas à rechercher si dans son organisation,

son fonctionnement, ses méthodes, la juridiction militaire est préférable en soi à
la juridiction civile, mais si des motifs
« d'ordre supérieur » obligent de soustraire à celle-ci, quelle que soit d'ailleurs
sa valeur relative, les personnes appartenant à l'armée. »

Peut-on faire un raisonnement plus
spécieux, un aveu plus ingénu? Comment! vous voudriez admettre que le
gouvernement a le droit de traiter avec
cette désinvolture de semblables questions? Mais voyons! tous les gouvernements du monde, les républicains comme
les autres, plus que les autres, ont pour
premier devoir de rechercher si tel service, par son organisation, son fonctionnement, n'est pas préférable à tel autre.
Je vais plus loin : on en indiquera les
raisons.

Comment! vous invoquez purement et
simplement, pour vous débarrasser de ce
devoir, en l'espèce, que vous y voyez des
« motifs d'ordre supérieur » ? Quels motifs? demandera-t-on.

« C'est à vous de les chercher! » C'est,
à mon humble avis, commettre une véritable naïveté. Parce que tous les gens
bien intentionnés pour l'armée vous diront, ou tout au moins penseront, que ces
ordres supérieurs sont simplement le
désir de complaire aux ennemis de l'armée, ce qui revient à dire que la loi sera
surtout une machine électorale.

Code milit.   5

On en pourra juger par le Projet du code.

Que si l'on va rechercher les paroles de Napoléon et, après lui, celles du maréchal Bugeaud pour étayer le projet de rattachement dont il est question, il nous semble que ce qu'ils ont dit ne prouve rien de leur pensée intime :

« On est citoyen, aurait dit l'empereur, avant d'être soldat. Comme citoyen, le soldat a des règles communes; comme soldat, il a des devoirs spéciaux garantis par une loi spéciale. »

« Le militaire, a dit le maréchal Bugeaud, offre un double caractère. Il est citoyen et soldat. Comme citoyen, il reste sous l'empire des lois générales; comme soldat, il est régi par une loi spéciale. »

On aurait peine à voir là, comme le désireraient quelques-uns, une opinion tranchée comme celle soulevée par le Projet.

Et, d'ailleurs, soyons justes et soyons vrais.

Quand on vient dire : « En revêtant l'uniforme, on ne cesse pas d'être citoyen, et comme tel soumis à la loi commune », ne peut-on s'inscrire en faux?

Le principe, et le meilleur, de toute création judiciaire, n'est-il pas de faire juger chacun par ses pairs? Or, les magistrats civils ne sont pas les pairs du soldat; ils ne le connaissent que fort imparfaitement; ils ignorent sa manière d'être; ils n'ont rien de ce qui constitue ses idées et ses sentiments, et comme conséquence, rien de ce qu'il faut pour juger ses actes, bons ou mauvais.

Et j'irai plus loin, — aussi bien sommes-nous sur ce chapitre pour ne pas faire de diplomatie, — ils ne comprennent pas l'armée, et de ce fait ils l'ont en « défiance » pour ne pas me servir d'un mot plus rude.

Comment! vous me dites que « le soldat en revêtant l'uniforme ne cesse pas d'être citoyen » ?

Qu'appelez-vous donc être citoyen, de nos jours ? C'est d'avoir le droit de voter, d'écrire, de se réunir. Est-ce qu'un soldat, du jour où il est incorporé, ne laisse pas de côté les droits primordiaux du citoyen et les premiers de tous, les droits politiques ?

Citoyen ? mais il ne l'est plus en réalité : il est Français, mais il n'a de citoyen qu'un « titre » qui devient vide de sens lorsqu'on le lui applique.

Comment! vous allez substituer la justice civile à la justice militaire pour une quantité de délits, en nous disant que, « depuis la promulgation du Code en usage, un profond changement s'est opéré dans les mœurs et dans l'esprit public » ?

C'est une phrase, cela. Dites simplement que vous le faites sous le simple motif de démocratie, de changement de gouvernement, de parlementarisme qui fait jouer de nos jours à la partie électorale un rôle auquel on n'avait jamais songé. C'est là le motif, et le vrai : mais combien mauvais pour notre armée !

Vous allez mettre devant un tribunal correctionnel des hommes revêtus de l'uniforme, et alors vous donnez le droit à vos magistrats civils de s'immiscer dans les questions militaires; ils vont glisser leur appréciation dans les règles de la discipline, dans les règlements qui régissent l'armée, règlements qui sont faits pour elle et rien que pour elle. Vous allez obliger ces magistrats à faire des applications à des situations absolument différentes les unes des autres : celle de la caserne dont la grille est fermée au public, celle de la rue qui est ouverte à tout le monde.

Le grand dada dont se servent les intransigeants, aussi bien dans la magistrature, et il y en a beaucoup, que parmi les sociologistes politiques, est que je suis, dans l'armée, un juge ignorant des choses du droit.

Soit ! Mais vous autres, magistrats, allez être, en présence de délits commis par des militaires, autrement ignorants des choses du service que je ne le suis des choses de la loi.

La loi, en somme, s'apprend dans les livres. C'est dans les livres que vous l'avez étudiée et travaillée, et je puis, à la rigueur, s'il me plaît, faire comme vous.

Tandis que les choses militaires : la discipline nécessaire, l'obéissance obligée, l'exécution stricte des ordres, indispensable; les nécessités plus indispensables encore de la hiérarchie du haut au bas des échelons, et tant d'autres besoins d'une armée, qui vous les apprendra et vous les fera sentir si vous n'êtes pas du métier? Comment les apprendrez-vous? Et il faut les savoir pour juger les militaires, pour se rendre compte que, sans elles, l'armée serait un corps sans âme, une agglomération inutile.

Réfléchissez, allez, avant d'adopter pareil système! Ne vous laissez pas conduire, peut-être sans le savoir — je l'espère du moins — par des sectaires, heureux de toute démolition qu'ils peuvent arriver à produire, de tout bouleversement qu'ils peuvent se vanter d'avoir causé. Que leur importe!

Je sais bien qu'on dira, comme l'écrit un de nos généraux, que « c'est la société qui doit faire la justice dès qu'il s'agit de délits et de crimes non militaires de leur nature ». Je sais bien qu'on a crié sur les toits que « la justice militaire ne peut ainsi revendiquer que ce qui lui appartient ».

C'est spécieux, cet arrangement-là, aussi spécieux que l'histoire du militaire qui est « avant tout citoyen ».

Ce n'est pas vrai, cela, parce que le militaire est un citoyen qui est en dehors de la règle commune de par sa qualité et de par ses devoirs particuliers créés par cette qualité même.

Quoi de plus juste, voyons, que les motifs exposés comme il suit par les auteurs du Projet de loi et de la loi de juin 1857 :

« La juridiction civile et la juridiction militaire sont l'une et l'autre, aujourd'hui, également propres à faire respecter les lois générales.

» Le Projet donne la préférence au juge militaire sur le juge non militaire, parce qu'il est juge naturel de l'armée; parce que, même en violant la loi commune, le militaire ne perd pas cette qualité; parce que mettre l'armée sous la main de la justice civile quand ne l'exige pas une nécessité impérieuse, c'est confondre ce qui doit être rigoureusement séparé; c'est ouvrir une source de conflits regrettables; c'est ôter à la peine qui frappe le soldat ce qui la rend exemplaire et saisissante, la rapidité. »

On ne saurait écrire d'une façon plus sensée et plus logique, et les observations que font à ce sujet les auteurs du Projet de loi nouveau sont loin d'avoir pareille valeur.

En plus de l'éternelle réponse, que, « en revêtant l'uniforme, on ne cesse pas d'être citoyen, et comme tel soumis à la loi commune », ils ajoutent que « la question est précisément de savoir s'il ne convient pas de séparer deux ordres de faits qui apparaissent comme nettement distincts : la violation des devoirs qui s'imposent à tous et la violation des devoirs inhérents à la profession militaire et dont l'ensemble constitue la discipline des armées ».

Que de vague dans ces observations, à côté de l'attitude si franche du Projet de 1857 !

Je me propose de reprendre cette question de plus près encore, si possible, dans le chapitre consacré à l'examen du Projet de code militaire lui-même.

Mais, tout d'abord, et puisque cela vient sous ma plume, je me demande comment il peut venir à l'idée de personne qu'un délit ou crime puisse être commis par un militaire sans que ce délit ou ce crime touche à ses devoirs de soldat.

Comment ! le vol d'un camarade à qui on prend son argent ou ses effets, le faux en écriture d'un comptable militaire qui imite des signatures pour s'approprier des sommes d'argent, le pillage des habitants, la trahison d'un soldat qui fait connaître à l'étranger pour un motif quelconque des secrets à lui confiés, l'espionnage d'un militaire qui est en relations avec des étrangers, tout cela va tomber sous le coup des jugements de droit commun, et on pourra dire que cela n'intéresse pas la discipline ?

Personne n'y pourra croire !

Personne, que des antimilitaristes, n'admettra que, du moment que ces crimes et ces délits n'ont pas lieu dans le service militaire proprement dit, leur auteur cesse d'être soldat et devient pour la société un individu quelconque que les magistrats ordinaires sont seuls aptes à juger (1).

Depuis 1790, 1792 et 1793, la juridiction civile a été réclamée plusieurs fois pour les délits de droit commun dont se rendent coupables les militaires, et, cependant, en dépit de bien des arguments séduisants, on a toujours attribué aux conseils de guerre les crimes et les délits militaires.

Comment admettre bien sincèrement, sans avoir le désir de la chicane, que voler, faire violence, faire des faux, détruire, lorsque ce sont des militaires qui le font, ne soit pas jugé par des militaires ? Comment admettre que trahir, dé-

---

(1) On a fait observer que le vote de cette disposition va mettre, en matière de justice, en Algérie, les indigènes des territoires militaires sous le régime civil.

Actuellement, les crimes et délits commis par ces indigènes sont instruits par les bureaux arabes, et l'inculpé passe devant le conseil de guerre.

Il va en être autrement, et l'effet sur les indigènes, avec lesquels la justice doit être rendue immédiatement et sans complication, sera certainement assez mauvais. C'est un détail, mais il était bon d'en faire mention.

serter, être insoumis ou insubordonné ne soient pas choses de discipline? Qu'enfin tout ce qui affecte des personnes ou des choses militaires ait des magistrats civils pour juges? C'est impossible.

Tout ce qu'on fait, quand on appartient à l'armée, on le fait avec la qualité de membre de l'armée.

« En réduisant, dit un général fort expert en ces questions, la juridiction militaire à la connaissance d'infractions mises à part comme affectant directement la subordination; en soustrayant les autres à sa compétence sous des prétextes plus ou moins acceptables, on ne saurait sauvegarder, à la fois, les intérêts de la discipline et le principe d'universalité de la loi civile.

» Autant vaudrait déclarer, sur-le-champ, l'incompatibilité de la juridiction militaire avec les lois qui régissent la majorité des citoyens. Autant vaudrait dire que l'armée n'existe qu'en violation de ces lois. On verra alors clairement où tendent certains réformateurs! »

On ne saurait mieux dire.

Je vais plus loin encore dans l'appréciation, en disant que les motifs «d'ordre supérieur » allégués par les auteurs du Projet sont simplement électoraux et destinés à plaire à la fraction de la nation qui renferme — et qu'elle ne s'en défende pas! — les ennemis de l'armée.

A quoi, voyons, ou plutôt à qui profitera le passage de la justice militaire à la justice civile pour les crimes et délits de droit commun?

Est-ce aux hommes de l'armée active? Très peu. Ces crimes et délits sont relativement assez restreints chez eux; mais ils sont commis surtout par les réservistes et les territoriaux. On est donc en droit de supposer, et on n'y a pas manqué, que l'on n'a pas été fâché d'apporter quelque indulgence dans leur milieu, dans un but « peu avouable ».

Notez que je n'émets là qu'une supposition qui a été faite et qui indiquera qu'il y a un point faible.

Il s'agit, ici, avant tout et seulement de l'armée.

Que peut-elle gagner au changement projeté, la question électorale dont nous croyons devoir parler une fois écartée? La chose ira-t-elle mieux?

On est bien forcé de convenir que non : que mettre l'armée sous la main de la justice civile, c'est confondre ce qui doit être séparé, énerver la discipline, ouvrir une source de conflits regrettables.

Ajoutons encore que le prestige militaire, qui est une chose utile, sera amoindri par le séjour du militaire dans une prison civile, où son uniforme sera en contact peut-être avec des malfaiteurs de la pire espèce.

Supposons un sous-officier, un officier même, arrêté et poursuivi, cela arrive et arrivera. Jugez combien le scandale sera aggravé, combien il en résultera, pour l'uniforme et, par suite, pour l'armée elle-même une déconsidération, un abaissement du respect qui lui est dû.

L'introduction dans nos quartiers et nos casernes de magistrats civils pour les enquêtes et les besoins de l'instruction judiciaire, c'est l'annihilation des pouvoirs de l'autorité militaire chez elle, sur son propre terrain.

Ce n'est pas d'aujourd'hui, je viens de le dire, que ces choses-là se discutent. De tout temps, la justice civile et la justice militaire ont été en conflit directement ou indirectement.

Avec ce système, le conflit, qui est beaucoup en paroles et en écrits, qui a servi aux magistrats, le cas échéant, à faire des thèses de droit devant le public, va se transformer et passer à l'état aigu par suite du rapprochement forcé.

Je sais bien que l'on va me répondre que les officiers, malgré leurs prétentions, n'y connaissent rien. C'est pour répondre à cette idée injuste et qui a cours dans toute la magistrature civile que j'ai pris pour épigraphe de ce travail le mot du général de Clermont-Tonnerre, lorsqu'il était ministre de la guerre, sous la Restauration, et qu'il fallait discuter devant les Chambres un projet de juridiction militaire étudié par son ordre et qui ne réussit pas d'ailleurs.

« Les militaires ne sont pas des hommes d'une nature supérieure aux autres; mais, si c'est une illusion de leur part, elle est bien excusable, je dirai même plus, elle est bien nécessaire à des hommes qui immolent à leur pays leur liberté de tous les instants. »

Elle était fort étudiée, la loi de 1857, laquelle dit que « mettre l'armée sous la main de la justice civile, c'est confondre ce qui doit être rigoureusement séparé, et c'est ouvrir une source de conflits regrettables ».

« Des conflits ? vous disent aujourd'hui nos députés. Qui ne voit, au contraire, que les chances de conflit sont bien plus nombreuses dans un système qui, pour déterminer la compétence, ne s'attache pas seulement à la nature de l'acte, à la qualité de celui qui l'a commis, mais à des circonstances fortuites qui, au hasard des découvertes de l'instruction, risquent de faire passer et repasser d'une juridiction à l'autre la connaissance de l'affaire ? »

J'avoue avoir très médiocrement compris cette longue phrase, et elle ne me semble pas absolument sérieuse.

Dans le fonctionnement de la justice militaire actuelle, tel que je le connais, il n'arrive jamais, que je sache, de voir passer d'une juridiction à l'autre la connaissance d'une affaire.

Les affaires soumises à la justice militaire ne peuvent lui être enlevées qu'en cas de complicité d'un prévenu non militaire. Or, ces complicités sont bien rarement inconnues au début. C'est l'exception quand on les découvre dans le cours de l'instruction. Et, comme il n'y a pas de doute dans la loi, il n'y a pas de doute dans ce qu'on a à faire.

Mais c'est si rare, si exceptionnel, qu'il faut une certaine imagination pour avoir écrit la phrase que je viens de citer.

En tout cas, je cherche en vain en quoi est si grand l'inconvénient de l'envoi d'une juridiction à l'autre, et en quoi un conflit serait possible. L'affaire passe à la juridiction voisine, qui la classe et la garde; mais il n'y a pas d'exemple, que je sache, « qu'elle ne fasse que passer et repasser d'une juridiction à l'autre », comme on voudrait le faire croire.

Je lis plus loin, et j'en tombe des nues :
« Quant à la rapidité de l'exécution que prône la loi de 1857 pour étayer la nécessité, suivant elle, de laisser le jugement des crimes et délits aux juridictions militaires, elle n'offre un intérêt réel qu'en temps de guerre ou lorsque la discipline est en cause. »

Voilà une assertion bien étrange. Comment ! la durée de la détention préventive importe peu en temps de paix? Mais, voyons, la première qualité d'une bonne

justice, en paix comme en guerre, c'est
d'être rapide, de ne pas se traîner péni-
blement dans des détails inutiles, en con-
servant en détention préventive des gens
qui peuvent être innocents et doivent, en
tout cas, être traités comme tels jusqu'au
prononcé du jugement qui les condamne !

Mais, sans cesse, arrivent aux parquets
militaires des recommandations d'abré-
ger les préventions, d'accélérer les instructions ! Les inspecteurs portent surtout là leur attention ! C'est la moyenne
de la durée des préventions que les bureaux des ministères réclament le plus
souvent !

Que deviennent, en présence de phrases pareilles, les préceptes des jurisconsultes qui ont traité ce sujet ? Tous sont
unanimes à demander la rapidité des
opérations judiciaires pour respecter le
plus possible la liberté humaine.

L'ensemble de tout ce qui vient d'être
dit sur ce sujet répond, ce me semble,
à la phrase finale ou à peu près du Projet, qui dit : « Le gouvernement se prononce pour le retour pur et simple à l'application de la loi commune, au système
préféré par Napoléon, système qui répond
le mieux à nos traditions nationales, et
qui était celui de nos pères. »

Voilà, n'en déplaise, un exposé de
principes tout au moins bizarre, et que
bien peu accepteront sans se dire qu'on

a surtout eu en vue de donner satisfaction à quelques partisans de l'abolition pure et simple du conseil de guerre. C'est un acheminement et pas autre chose (1).

(1) Le lecteur ne sera pas sans remarquer qu'il y a, dans ces pages consacrées à discuter le rattachement à la justice civile pour les délits et crimes de droit commun, d'assez nombreuses répétitions. Elles m'ont paru nécessaires pour bien appuyer tous les inconvénients qu'aura l'adoption d'un pareil système.

VII

CONSEILS DE REVISION DE LA JUSTICE MILITAIRE

Attribution à la Cour de cassation des recours
formés contre les jugements des conseils.
— Les commissions d'accusation, les conseils de cassation, la Cour de cassation.

1°

Temps de paix

Le Code de 1857 avait établi (art. 86)
des conseils dits de revision permanents
(il y en avait deux, un à Paris, un à Al-
ger), composés de cinq juges avec un
commissaire du gouvernement, tous officiers supérieurs, destinés « à prononcer
sur les recours formés contre les jugements des conseils de guerre de leur ressort ».

Ces conseils, dit l'article 72, relatif à
la compétence, « ne connaissent pas du

fond des affaires, mais seulement de la forme. Ils annulent les jugements si toutes les dispositions du Code n'ont pas été littéralement exécutées ».

Le projet de Code nouveau supprime ces conseils. S'étayant sur le rattachement à la juridiction ordinaire des crimes et délits de droit commun, sauf ceux commis dans le service, il proclame que la cour de cassation a seule compétence pour traiter les questions de revision des jugements.

« Art. 87. — Les recours en cassation pour incompétence, vice de forme, excès de pouvoir ou violation de la loi, sont portés devant la cour de cassation (1).

» Le condamné a vingt-quatre heures pour se pourvoir en cassation, après la lecture de son jugement. »

Toutes les opinions de nos membres des parquets, aussi bien que des officiers qui s'occupent de la justice militaire, sont unanimes à considérer l'attribution à la cour de cassation des recours dirigés contre les jugements des conseils de guerre en temps de paix comme la

---

(1) Les accusés ou les commissaires du gouvernement des commission d'accusation ne peuvent faire ni opposition ni appel des arrêts rendus par ces commissions, mais ils peuvent former recours contre les arrêts touchant à l'inobservation des formes.

mainmise sur la justice militaire par les magistrats civils.

On dit que la cour de cassation ne pourra être saisie qu'après que la décision du conseil aura été rendue sur le fond.

C'est bien le moins; mais cela importe peu, car il est excessivement rare de voir, à l'audience, se produire des incidents qui pourraient motiver un recours à la cour de cassation.

Au point de vue du bon fonctionnement de la justice, il est facile de comprendre que ce sera une source de lenteurs dans le prononcé du jugement définitif et une prolongation considérable de la prévention.

Les conseils de revision, en quelques jours, se prononçaient sur le bien-jugé ou sur le renvoi devant un autre conseil; la cour de cassation mettra peut-être bien du temps pour se prononcer définitivement. La prévention en sera ainsi allongée considérablement. Qui sait, en outre, si la cour ne trouvera pas, en certains cas, la possibilité de juger sur le fond? Alors, la confiance dans la justice militaire se trouvera diminuée. On se dira que les jugements des conseils de guerre peuvent, à la rigueur, être discutés, et ils le seront probablement, tombant sous les yeux de personnes ne partageant en rien les idées et l'état d'esprit des juges militaires et inaptes souvent à comprendre les motifs de leur sentence.

Temps de guerre

En temps de guerre, l'appel à la cour de cassation entraînerait, on l'a fait observer, des délais inadmissibles aux armées. On a dû, comme précédemment, prévoir l'institution de conseils qui, au lieu du titre « de revision », ont pris celui de « conseils de cassation », par analogie avec « cours de cassation ». Ces conseils sont propres aux troupes en opérations, avec faculté du chef de l'Etat de les suspendre temporairement.

Le Code de 1857 établissait, sauf exception en cas particuliers, un « conseil de revision au quartier général de l'armée ». C'est à ce conseil que ressortissaient les conseils de guerre de l'armée, qui étaient généralement de un par division dans chaque division active et un au quartier général, sauf augmentation en cas de besoin — conseils composés de cinq membres, avec une commissaire du gouvernement faisant, à la fois, fonctions de magistrat instructeur et de ministère public.

Il n'est fait que peu de changements, dans le Projet de Code, à ces dispositions des formations de conseils de guerre et à leur composition.

En ce qui concerne les recours, il est dit :

« Art. 46. — Il est établi un conseil de cassation militaire sur chaque théâtre d'opérations, au quartier général (sauf exception si les besoins du service l'exigent) (1) ».

Ces conseils comprennent cinq juges, pris dans le personnel de la justice militaire (autant que possible), avec un commissaire du gouvernement.

Ces conseils, de même que la cour de cassation, ne statuent que pour incompétence, vice de forme, excès de pouvoir, ou violation de la loi. Ils ne touchent jamais à la question de fond.

Leur procédure et celle de la cour de cassation sont développées dans deux longs chapitres du Projet.

Une simple particularité que le rapport explique en disant qu' « il l'a adoptée comme moyen d'éviter que les tribunaux militaires ne soient juges de leurs propres pouvoirs et de laisser à la cour de cassation son rôle d'arbitre unique et souverain en matière de compétence », autorise à porter même aux armées les recours devant la cour de cassation si le jugement est attaqué pour incompétence de la juridiction militaire, quoiqu'une

____

(1) Un chapitre spécial est consacré à l'Algérie-Tunisie. Afin de diminuer les longueurs, on lui attribue pour ses circonscriptions territoriales un ou plusieurs « conseils de cassation ».

semblable mesure risque fort d'ouvrir
une voie par laquelle on tentera de porter tous les recours possibles devant la
cour de cassation !

En résumé, nul ne comprendra très
bien, ni en paix ni en guerre, l'intervention de la cour de cassation, composée de
magistrats de métier qui, si éminents
qu'ils soient, ne peuvent guère prononcer
en dernier ressort que sur des affaires de
droit commun.

Dans les questions purement militaires, où les choses de discipline, d'esprit
régimentaire, d'effet moral, d'obéissance,
d'abnégation jouent le rôle principal, ils
seront amenés, ne connaissant qu'imparfaitement ce milieu, à prendre peut-être,
quelquefois, des décisions de mauvais effet.

C'est tout au moins à craindre.

Des cours ou des conseils de cassation
militaires ne suffiraient-ils pas, puisque
les juges de revision n'ont à prononcer
que sur la forme et seront des magistrats
militaires en connaissance du droit ?

On vous dit, article 88, que les conseils
de cassation sont destinés aux armées,
aux places de guerre, à l'Algérie, aux
circonscriptions territoriales comprises
dans la zone des armées; c'est très bien.
Pourquoi ne se prononceraient-ils pas
pour les recours des conseils de guerre
en tout temps, puisque ce sont toujours,
et seulement, des questions de forme

qu'ils ont à traiter? En quoi des jurisconsultes civils sont-ils donc nécessaires?
Et peuvent-ils faire mieux?

2o

Les commissions d'accusation. — Les conseils de cassation. — La cour de cassation.

« Art. 148. — Le chef de l'Etat fixe,
par décret, le nombre, le siège et le ressort des commissions d'accusation à l'intérieur et en Algérie.

» Les commissions se composent de
trois juges, pris parmi les fonctionnaires du corps de la justice militaire. Il y
a près de chacune d'elles un commissaire du gouvernement et un greffier. »

» Art. 34 et 35. — Le chef de l'Etat
fixe par décret, pour les circonscriptions
territoriales d'Algérie et Tunisie, le nombre, le siège et le ressort des conseils de
cassation.

» Les conseils se composeront de cinq
juges pris parmi les fonctionnaires du
corps de la justice militaire. Il y a près
de chacun un commissaire du gouvernement et un greffier.

» Sur le territoire français, le recours
à la cour de cassation est de règle. »

Voilà pour le temps de paix (1).

Que sont les commissions d'accusation ?

C'est une nouveauté sur laquelle je veux un peu m'appesantir avant d'en faire la critique. Elle nous vient, je crois, d'Italie, où a fonctionné de tout temps, dans la justice militaire, depuis trente ans au moins, la commission d'accusation. J'ai lieu de croire que ce qui a amené, dans ce pays, au système que l'on veut introduire chez nous, a été la diversité des races, des caractères et des habitudes qui caractérisent la péninsule et qui amènent des divergences dans les instructions des faits criminels. Les commissions d'accusation devant lesquelles passent les dossiers d'instruction sont des soupapes de sûreté pour le nivellement des mises en jugement. On pouvait avoir à craindre que, dans l'application, les parquets militaires aussi bien que les chefs supérieurs ne vinssent à ne pas assez tenir compte des plus ou

----

(1) La rédaction elle-même de ces articles fait ressortir que la commission d'accusation est une invention créée pour le temps de paix et n'existant plus en temps de guerre.

Inversement, le conseil de cassation n'est créé que pour le temps de guerre et n'a que, par exception, de ressort qu'en Algérie-Tunisie, considérés comme des territoires en état de guerre.

moins grandes sujétions que le métier militaire imposait, de par sa nature, aux populations groupées pour faire l'unité de l'Italie et, par le fait, l'unité de l'armée et présentant des différences très tranchées de mœurs.

Je m'explique mal, tout d'abord, ce qui a amené chez nous, qui sommes un peuple d'organisation toute différente, nos membres du comité à imiter les Italiens, et il faut faire attentivement la lecture de leur rapport pour le deviner.

Toujours est-il que l'on a voulu établir, en ce qui concerne l'armée, la procédure civile en son entier : juge d'instruction, chambre d'accusation, cour d'assises.

Le rapport dit que la création d'un corps spécial de magistrats militaires qui vont avoir « quelque compétence juridique » que n'avaient pas nos parquets, permettra d'assimiler les rapporteurs de nos conseils de guerre à des juges d'instruction « indépendants vis-à-vis du commandement, « bien autrement que ceux de nos jours » et permettra aussi de faire un certain nombre de chambres d'accusation (dénommées commissions), après le jugement desquelles les questions, bien autrement étudiées qu'elles ne peuvent l'être avec notre organisation de parquets et l'ingérence des chefs militaires « si peu versés dans les choses du droit », seront remises toutes mâchées aux conseils de guerre.

Il y aura, probablement, quatre commissions d'accusation sur le territoire, composées de quatre conseillers inspecteurs de première classe ou de deuxième (rang de général), douze conseillers de première classe ou de deuxième (rang de colonel), quatre officiers d'administration greffiers, quatre adjudants commis greffiers. « Mais cet ensemble, dit le rapport, amènera une dépense insignifiante qui se trouvera amplement compensée par les avantages que procurera l'institution de ce nouvel organe. »

Voyons maintenant la partie importante : les avantages de cette institution, de cet organe.

Il faut faire appel à tous les chapitres de la loi pour le démêler, ce qui prouve déjà que son action n'est pas si commode à expliquer :

Police judiciaire. — Lorsqu'un militaire commet un délit ou un crime, les officiers dits « de police judiciaire » commencent, on le sait, par faire une première instruction. Les actes et procès-verbaux qui composent cette sorte d'enquête sont transmis, ou directement ou indirectement, en passant par le procureur de la République du lieu, au général commandant la circonscription.

Je ne veux pas entrer là dans tous les détails du Code qui n'ont d'intérêt que pour les bureaux où se traitent ces questions.

La loi ayant admis le rattachement à la juridiction ordinaire civile de tous les crimes et délits « qui ne sont pas commis dans l'exécution du service », le général commandant la circonscription envoie purement et simplement au procureur de la République près le tribunal du chef-lieu cette instruction préliminaire et met l'inculpé à sa disposition, lorsqu'il est reconnu justiciable des tribunaux ordinaires.

Lorsqu'il est reconnu justiciable des tribunaux militaires, il l'envoie (ou directement, ou par la voie du général de la circonscription où siège le conseil de guerre) au commissaire du gouvernement. Toutefois, il est libre, sauf recours des auteurs de la plainte, de prendre ou de ne pas prendre cette décision.

Nous la supposons prise. Le commissaire du gouvernement, faisant ses réquisitions après lecture, la passe à son rapporteur.

Et c'est là, contrairement à nos vieilles habitudes et à la loi de 1857, que le rapporteur, saisi de l'affaire, devient « juge d'instruction ». Ses droits, à ce sujet, sont des plus étendus.

Il prononce, s'il le veut, la mise en liberté provisoire; rend une ordonnance déclarant, s'il le juge ainsi, qu'il n'y a pas lieu à poursuites; rend une ordon-

nance qui déclare, s'il le juge ainsi, la
justice militaire incompétente, et enfin,
article 144, « si le fait de l'inculpation
constitue un délit puni de l'emprisonnement ou de l'amende, il prononce l'envoi de l'inculpé devant le conseil de
guerre ».

L'article 145, qui suit, nous explique
alors en partie le commencement du rôle
des commissions d'accusation :

« Si· le rapporteur estime que le fait
est de nature à être puni des travaux publics, de la destitution ou d'une peine
criminelle, et que la prévention contre
l'inculpé est suffisamment établie, il
ordonne que les pièces d'instruction, le
procès-verbal constituant le corps du délit et un état des pièces à conviction
soient transmis sans délai par le commissaire du gouvernement du conseil de
guerre au commissaire du gouvernement
près de la « commission d'accusation »
pour être statué par cette commission
sur la mise en jugement. »

Ce sont, on le voit, les droits très com-
plets du juge d'instruction. La loi fait
bien ressortir, à l'article 146, que le commissaire du gouvernement a le droit,
lui aussi, de faire opposition aux ordonnances de son rapporteur; mais là encore,
et c'est son deuxième rôle, c'est la « commission d'accusation » qui reçoit l'opposition et statue.

Donc, toutes les fois qu'un cas de ce

genre est présenté, la commission d'accusation statue.

Les peines criminelles : mort, travaux forcés, destitution, réclusion, bannissement, dégradation, résultent-elles de l'instruction, c'est la commission d'accusation qui est saisie par le rapport.

Les peines délictueuses : destitution, travaux publics, résultent-elles de cette même instruction, c'est encore la commission d'accusation qui est saisie.

Cela équivaut à dire que toutes les instructions, à peu près, passent par la commission d'accusation, puisqu'elle n'examine pas celles qui amènent l'inculpé à l'emprisonnement ou l'amende.

Je relève ces cas :

286. Emprisonnement de deux mois à un an pour abandon de son poste en temps de paix, étant en faction.

287. Emprisonnement d'un à six mois pour s'être endormi étant en faction en temps de paix.

288. Emprisonnement de deux à six mois pour inexécution d'un ordre ou d'une consigne, ou abandon de poste en temps de paix.

290. Emprisonnement de deux à six mois pour refus de siéger à un conseil de guerre, sans excuse pour cela.

293. Emprisonnement de un à deux ans pour refus d'obéissance.

294. Emprisonnement de deux mois à trois ans pour viol d'une consigne.

295. Emprisonnement de six jours à un an pour violences envers une sentinelle.

307. Emprisonnement de deux mois à cinq ans pour abus d'autorité.

309. Emprisonnement d'un mois à cinq ans pour insoumission.

311. Emprisonnement de deux à cinq ans pour désertion.

331. Emprisonnement de un mois à un an pour bris de clôture.

349. Emprisonnement de un à cinq ans pour trafic des deniers de l'Etat.

351. Emprisonnement de six mois à deux ans pour usurpation d'insignes.

Cette nouvelle procédure, dit le rapport, est tout simplement l'application à peu près complète des règles de la procédure ordinaire. Elle présente cette particularité que, dès qu'il a donné l'ordre d'informer, le commandement militaire se trouve dessaisi et a sa responsabilité entièrement à couvert.

Suivant mon appréciation, le rapport, en développant le système du Projet, dévoile parfaitement ses intentions :

« Le commandement, dit-il en résumé, garde son droit souverain d'appréciation de la gravité de la faute commise et de l'intérêt qu'il peut y avoir, pour la discipline, à en poursuivre ou non la répression par la voie des tribunaux.

» Il sera dessaisi et irresponsable à partir du moment où il aura ordonné l'information et ne sera plus exposé, comme aujourd'hui, à être mis en cause si, une fois l'instruction faite, il vient à prendre une décision contraire aux conclusions du rapporteur.

» Et, de plus, il aura (mais cela s'il s'entend avec le commissaire du gouvernement et en obtient le recours) la faculté d'adresser, par l'organe du ministère public, dont ce sera le droit, à la commission d'accusation, la demande de mise en jugement d'un inculpé que le rapporteur aura renvoyé des fins de la plainte, ou la demande d'opposition à l'envoi devant le conseil d'un inculpé d'un délit entraînant l'emprisonnement ou l'amende. »

Ces trois phrases dévoilent le fond de la pensée des auteurs.

Est-ce, voyons, tout d'abord, un rouage bien utile que cette commission d'accusation ?

Si, ce qui est possible et probable, le rapporteur ne réside pas au lieu où siégera le conseil de guerre, le temps d'étudier l'affaire, de faire son rapport, s'augmentera du délai nécessaire pour la transmission, conformément à l'article 145, que je viens de citer.

Supposons cette transmission faite au commissaire du gouvernement de la commission, et je ferai remarquer ici que le Projet fixe à trois jours le temps donné au commissaire du gouvernement du conseil de guerre pour adresser à son rapporteur ses réquisitions une fois la procédure terminée, mais qu'il est muet sur les délais possibles dès que l'on arrive au rôle de la commission d'accusation.

Voici ce rôle indiqué par l'article 151 :

« La commission d'accusation entend en audience non publique le rapport d'un de ses membres, désigné par le président.

» Le ministère public (il est représenté ici par le commissaire du gouvernement) et le conseil de l'accusé peuvent assister à l'audience et présenter des observations sommaires, le conseil de l'accusé ayant toujours la parole le dernier.

» La commission peut ordonner des informations nouvelles, demander les pièces de conviction, s'il y en a.

» Les juges délibèrent, statuent à la majorité des voix; leur jugement est motivé, et l'audience devient ensuite publique pour le prononcé du jugement. »

Les articles suivants indiquent :

Que « la commission peut prononcer la nullité d'un acte et faire recommencer la procédure » ;

Qu' « elle peut prononcer le maintien ou l'annulation de la mise en liberté d'un prévenu » ;

Qu' « elle peut rendre un arrêt de non-lieu, rendre un arrêt d'incompétence de la juridiction militaire, enfin prononcer le renvoi devant le conseil de guerre, en précisant la qualification (crime ou délit) que comportent les faits de l'accusation ».

Tout cela sans opposition ni appel, à très peu d'exceptions près.

***

Le conseil de guerre va donc, après cela, être saisi de l'affaire. Je veux bien admettre que, juridiquement et théoriquement, on puisse dire qu'on a augmenté, de ce fait, « les garanties de l'accusé », mais pour quel résultat ? Il est, par ce système, en quelque sorte, jugé deux fois, car, s'il n'assiste pas à l'audience de la commission d'accusation saisie du fond de l'affaire, il peut y avoir son conseil-défenseur qui a droit de parole (1).

Mais que de longueurs inutiles ! Au temps nécessaire pour l'instruction du rapporteur qui a été saisi le premier et la transmission de son ordonnance, quelle qu'elle soit, il faut joindre le temps nécessaire au rapporteur de la commission pour étudier le dossier, le temps de la séance, l'envoi du commissaire du gouvernement de la commission d'accusation à celui du conseil de guerre (en admettant qu'il n'y ait aucune revision à faire),

---

(1) Simple remarque : combien y aura-t-il de ces accusés qui pourront s'offrir un défenseur, lui payer son déplacement, si la commission n'est pas dans la même ville que le conseil ? On ne songe guère à cela.

le temps de l'envoi au général commandant la circonscription ou au ministre.

Ces préliminaires terminés, on rentre
seulement dans les délais prévus actuellement depuis ce dernier envoi jusqu'à
la réunion du conseil de guerre et la
mise en jugement.

Il n'est pas douteux, cela est indéniable—tellement indéniable que nous nous
demandons tous si ce n'est pas là tout
simplement le résultat qu'on a voulu obtenir—que l'importance du rôle du général commandant la subdivision est deve-
nue absolument restreint en attributions
sur la justice militaire.

On crie, tous les jours, sur tous les
tons, qu'il faut habituer les grands chefs
à l'initiative. Comment pouvez-vous admettre l'initiative sans l'autorité?

Vous dites bien que ce système lui enlève la responsabilité d'une instruction
faite en dehors de lui, ne l'expose plus à
être mis personnellement en cause. Mais
qui en profite?

Au lieu de dire que vous avez voulu le
mettre à l'abri de ces responsabilités, ne
ferait-on pas mieux d'avouer que l'on a
voulu se débarrasser de la gêne possible
du chef militaire qui, en cas d'attaque
personnelle, proteste et se défend, alors
que votre commission d'accusation est un
être impersonnel, peut-être plus malléa-
ble avant en tout cas, en raison de sa

collectivité inattaquable après et n'ayant qu'à laisser dire.

C'est ce que penseront tous ceux qui aiment « lire entre les lignes », et il y en a beaucoup de nos jours, et pour cause.

VIII

LES CONSEILS DE GUERRE

La procédure. — La composition. — Le jugement. — L'introduction parmi les juges des
conseils des membres du même personnel
que l'inculpé pour le jugement des assimilés.

> « Voilà la justice humaine
> entre toutes, celle qui ne con-
> naît pas la haine et ne recher-
> che que la vérité. (*Un de nos
> grands écrivains.*) »

La procédure.

Sauf les observations que je me propose de faire ci-après, la composition des
conseils de guerre reste sans changements, leur composition, suivant les prescriptions de l'article 3, ne s'étendant
pas aux crimes et délits commis en dehors de l'exécution du service militaire.

J'ai traité longuement cette question.
L'acceptation d'un pareil principe, ou-

tre la partie morale que j'ai cherché à développer, amènera, il n'en faut pas douter, la répression bien longtemps après le délit ou le crime ; et, de plus, pendant la durée de l'instruction, l'inculpé, séparé de l'armée, sera dans la prison civile, y passant ses journées au contact des prévenus civils. Si vous pouvez supposer seulement que l'esprit militaire et la discipline ne perdront pas à ce contact, je renonce à discuter (1).

Et je n'admets pas davantage, sans observation, que des militaires condamnés par les tribunaux ordinaires aillent subir leur peine dans les prisons civiles, mêlés à tous les coquins de la tourbe civile. Ce sont tous des jeunes gens auxquels, quelque faute qu'ils aient commises, cette promiscuité ne peut être que dangereuse.

J'appelle l'attention sur l'article 23, qui donne au ministre, « pour le juge-

____

(1) L'article 261 dit que, lorsqu'un militaire aura été condamné à la fois par un conseil et par un tribunal civil, c'est dans une prison civile qu'il subira la peine prononcée par le tribunal civil, si elle est la plus forte. L'article 262 corrobore ce système. Pourquoi cette dualité de répression ? Quel bon effet et salutaire peut-elle produire ? Est-ce la satisfaction au principe d'égalité devant la loi ? Est-ce la preuve que l'armée n'est pas une société à part dans la nation ? Prison pour prison, pourquoi ne pas donner aux militaires la prison militaire ?

ment de certaines affaires », le droit de désigner des commissaires du gouvernement, des rapporteurs et des greffiers spéciaux pour remplacer ceux en exercice ou leur être adjoints ».

Il y a là un coup droit donné à l'indépendance des membres du parquet, inspiré par une méfiance qu'une loi ne devrait jamais faire pressentir.

« Les présidents des conseils et les juges sont, dit l'article 12, pris parmi les officiers et sous-officiers en activité dans les circonscriptions territoriales du ressort du conseil, peuvent être remplacés tous les six mois et même dans un délai moindre. »

Et, plus loin, sur le même sujet, l'article 28 ajoute qu' « on dressera dans la circonscription où siège le conseil un état général par grade et ancienneté des officiers et sous-officiers réunissant les qualités (on dit aptitudes) nécessaires pour être appelés à siéger comme juges dans les conseils ».

Les juges, on le voit, pourront appartenir à toutes les circonscriptions du conseil. Il y aura là, chaque fois que siégera le conseil, toute une série de déplacements fort onéreux pour le Trésor et offrant bien plus d'inconvénients que d'avantages. Je passe condamnation sur ce fait, mais je ne puis comprendre qu'on ait écrit qu'il fallait choisir « les officiers et sous-officiers ayant (réunissant) les aptitudes » nécessaires. Je ne me figure guère un officier âgé de 25 ans, pas plus qu'un adjudant, un sergent-major, un sous-officier déjà anciens, dont on puisse dire qu'il est inapte à siéger dans un conseil. C'est une nouveauté dans le Code et on juge de l'humiliation qu'auraient certains d'entre eux s'ils se voyaient, après un article pareil, évincés de la liste qu'on doit dresser pour ces fonctions.

Et, puisque je suis sur ce chapitre, l'article 29, qui suit, ne présente guère de bonnes garanties d'exécution.

« Si, dit cet article, il y a empêchement accidentel du président ou de certains juges, ils sont remplacés provisoirement dans l'ordre du tableau. »

Comment admettre que ceci puisse se faire facilement, puisque le tableau se composera d'officiers et de sous-officiers appartenant à des circonscriptions différentes et à des garnisons diverses ? Le plus souvent, il y aura urgence, et le général commandant prendra simplement parmi les officiers de la garnison où siège le conseil (1).

---

(1) On avait parlé d'introduire comme juges dans les conseils de guerre des officiers de la réserve ou de la territoriale, deux ou trois par conseil, ayant fait des études de droit, des avocats, des avoués, des notaires, toujours sous l'idée, si prônée par les détracteurs de la justice militaire, que rien ne

Tous les gens sages et bien pensants sont unanimes à déclarer qu'on ne peut que rendre hommage « à l'esprit juste, à l'attention éclairée, à la haute conscience qu'ils ont toujours trouvés chez les membres des conseils de guerre ». Tous, on l'a écrit — et ceux qui l'ont écrit ne peuvent pas être suspects, puisque ce sont les avocats eux-mêmes qui viennent plaider devant les conseils — «ont pour le personnel de la justice militaire, à tous les degrés, une considération respectueuse ».

Dans ces conditions, on ne pouvait guère toucher à la composition et à l'organisation des conseils eux-mêmes. On s'est rejeté sur les parquets, auxquels on n'a pas trouvé une valeur suffisante, quoique les mêmes personnes, qui sont plus à même que les autres d'asseoir leur jugement, aient pu dire « le soin et la diligente activité qu'apportent dans la

---

prépare les officiers de l'armée active à savoir juger. Les promoteurs de cette idée l'ont défendue avec une sorte d'âpreté. Ne pourvant pas dire le fond de leur pensée, qui est une pensée de méfiance envers les officiers de l'armée active, et à laquelle ils étaient incités du reste par le projet même, lequel laisse entrevoir que les parquets militaires laissent à désirer au point de vue intellectuel, ils ont tourné la difficulté en reportant cette méfiance de la part des officiers de l'active sur leurs collègues de la réserve.

préparation des dossiers les rapporteurs
et les commissaires du gouvernement ».
Nous avons traité à fond ce sujet.

Quelques généraux avaient pensé qu'il
serait bon d'exiger le serment solennel,
imposé aux jurés des cours d'assises, des
membres des conseils de guerre. Ils auraient voulu voir faire aux officiers de
ces conseils l'application des dispositions
du Code d'instruction criminelle relatives aux jurés.

On leur aurait, avant délibération,
lu l'article de la loi civile qui s'exprime
ainsi : « La loi ne demande pas compte
aux jurés des moyens par lesquels ils se
sont convaincus; elle ne leur prescrit
point de règles desquelles ils doivent faire particulièrement dépendre la pléni-
tude et la suffisance d'une preuve; elle
leur prescrit de s'interroger eux-mêmes
dans le silence et le recueillement et de
chercher, dans la sincérité de leur conscience, quelle impression ont faite sur
leur raison les preuves rapportées contre
l'accusé et les moyens de sa défense. La
loi ne leur dit point : *Vous tiendrez pour
vrai tout fait attesté par tel ou tel nombre de témoins;* elle ne dit pas non plus :
*Vous ne regarderez pas comme suffisam-
ment établie toute preuve qui ne sera
pas formée de tel procès-verbal, de telles
pièces, de tant de témoins ou de tant
d'indices;* elle ne leur fait que cette seule
question, qui renferme toute la mesure

de leurs devoirs : *Avez-vous une intime conviction ?* »

On a pensé, avec le rapporteur de la loi de 1857, que, dans le métier militaire, les fonctions de juge font partie des devoirs, et que l'officier, de par sa position même, les exerce à chaque instant de sa vie.

La composition des conseils

Article 20 du Projet : « Pour juger un accusé appartenant à un corps possédant une hiérarchie propre, dont les membres ont rang d'officier et jouissent du bénéfice de la loi du 19 mai 1834, le conseil est composé suivant le grade auquel le rang de l'accusé correspond, et deux membres de ce corps remplacent les deux juges du grade le moins élevé. »

La chose n'est pas, à la vérité, d'importance majeure ; mais pourquoi cet écart à peu près inutile, sorte d'écart « de méfiance » de la règle générale, et pourquoi introduire, parmi les juges ordinaires et définis, des intendants, des médecins, des officiers d'administration, etc., etc., lorsque l'accusé appartient à un service militaire ?

Est-il rien qui se rapproche d'un pareil système dans le Code d'instruction criminelle ? Est-ce que, si un médecin, un vétérinaire, sont traduits en cours d'assises, vous voyez jamais le jury appelé à se prononcer sur l'affaire se composer de médecins et de vétérinaires? A ce compte, et puisqu'on entre dans cette voie de particularisme, pourquoi ne pas pousser à l'extrême et ne pas l'étendre aux soldats des services militaires? Pourquoi ne pas admettre que, si l'on vient à juger au conseil le crime ou délit d'un commis, d'un ouvrier d'administration, d'un inférieur, il faudra remplacer le sous-officier nommé juge par un autre appartenant à la catégorie du soldat en jugement?

On a voulu donner là satisfaction à toute cette série de lois « d'assimilation » que nous avons vues paraître depuis quelque temps. Ce sera, on le verra plus tard, une des grandes erreurs de nos jours. On s'est étayé sur ce qu'un de nos ministres de la guerre, celui même qui présentait une de ces lois, a dit : « Cette loi, je ne l'aurais pas votée il y a vingt ans, mais nous avons marché depuis lors. »

Marché! j'en conviens, mais marché surtout dans la direction de la politique et de son application aux choses militaires.

En fait, voyons, nous ne sommes pas sur un sujet aussi grave que celui de la justice pour déguiser notre pensée.

En disant, à l'article 23, que je viens de citer, que, pour le jugement de « certaines affaires », le ministre se réserve de désigner des rapporteurs et des commissaires du gouvernement, est-ce qu'on ne fait pas de la justice politique au lieu de rester dans la vraie notion de la justice indépendante, inaccessible aux passions ? Ce sera, dit le Code, « à l'appréciation du ministre ».

Quelle source d'abus ! Je veux bien admettre qu'il peut se présenter tel ou tel cas où il faut appuyer les parquets, mais il fallait les indiquer sous peine d'ouvrir une source à des abus.

Est-ce qu'un ministre a à interpréter un code ? Il l'applique, et c'est là son rôle, et son beau rôle, d'après des règles fixes invariables, ne laissant rien à l'arbitraire.

Je ne veux pas faire de citations, cela m'entraînerait trop loin, et, au surplus, tout le monde me comprendra.

Dans le même ordre d'idées, je reviens à l'article 28, sur les « aptitudes nécessaires » à un officier pour être juge d'un conseil.

Que d'abus vous avez droit de commettre avec un mot pareil !

Admettons, si vous voulez, qu'en théorie il puisse y avoir certains caractères peu aptes à bien juger, comme il y a certains jurés dans les cours d'assises ; mais, en pratique, et dans l'application, « inapte » voudra dire « inapte ». C'est évident.

Et puis, qui sait si vous ne verrez pas appliquer cette qualification d'inaptes à des officiers ne partageant pas certaines idées gênantes pour en faire des juges dans un des cas prévus par l'article 23, qui précède ?

Dans le jugement de « certaines affaires » (dire qu'on a pu mettre un mot pareil dans un code !), ne sera-t-on pas désireux peut-être d'écarter « certains officiers » ?

Et, alors, comme ce mot terriblement élastique de « réunissant les aptitudes » pourra être utilisé !

Car, enfin, quelles sont ces aptitudes ? «Est-ce le bon sens ? Est-ce l'instruction ? Est-ce le caractère ? Est-ce l'honnêteté ? Est-ce une autre aptitude ?

Qui pourra en répondre ?

Admettons que j'exagère, que ce ne soit pas là, du tout, ce qui ait guidé les auteurs du Projet. Il n'en est pas moins vrai qu'on peut le supposer, et, de ce fait, de pareils articles ne doivent pas être écrits dans un code militaire.

C'est par suite de pensées pareilles que nous voyons proposer, par exemple, comme je viens de le dire dans une note ci-dessus, des juges instruits du droit, qui viendraient, comme officiers de réserve ou de territoriale, apporter aux juges du conseil officiers de l'armée active l'appui de leurs connaissances. En quoi diable ces personnes pourraient-elles juger mieux le plus ou moins de gravité d'un délit ou d'un crime militaire que des gens qui, depuis dix, vingt, trente ans, vivent dans ce milieu ? En quel moment

d'une audience pourraient-ils intervenir
scientifiquement? Les débats sont dirigés
par un président qui ne peut vous donner la parole que pour traduire quelque
question demandée par un juge à l'accusé ou à un témoin, et, une fois ces débats
terminés, personne n'a plus rien à dire,
dans la salle de délibérations, qui ne s'appelle ainsi que par un euphémisme, car
la seule réponse que vous ayez à faire
est de dire : *oui* ou *non; deux ans* ou
cinq ans.

Du diable s'il est nécessaire, pour cela,
d'avoir, au milieu de soi, deux licenciés
en droit !

⁂

Je ne veux rien discuter sur le chapitre de l'examen et du jugement. Cela a
été étudié, commenté si souvent qu'on ne
trouverait que des redites; d'ailleurs, tout
le monde est éclairé à ce sujet.

Je m'en tiendrai à quelques articles
seulement.

Art. 183. — « Le président recueille
les voix en commençant par le grade inférieur. Il émet son opinion le dernier.

» Le vote a lieu au scrutin secret. »

Cet innocent article ne semble rien
tout d'abord. Bonne mesure, ont dit quelques-uns, qui assurera l'indépendance de
chacun. Mais qu'on y réfléchisse, et on

l'a écrit, cela, que le secret dans un cas pareil est « une sorte de palladium des défaillances de conscience, un paravent pour les votes paradoxaux ».

Autour de la table du conseil, il n'y a que des soldats.

De tout temps, depuis la Révolution, on a écrit dans la loi : « Le président recueille les voix en commençant par le grade inférieur. »

Nulle part on ne verra le scrutin secret. La seule chose qu'on en puisse déduire sera l'observation forcée du secret des délibérations, qui sera ainsi absolument garantie (et encore !).

Art. 185. — « La décision du conseil se forme à la majorité, quelle que soit la composition du conseil. »

Cette disposition s'applique non seulement aux questions posées par le président, mais à celle des circonstances atténuantes, à celle aussi du prononcé de la peine. (Article 186.)

Les questions posées par le président, dit le Code de 1857, ne peuvent être résolues contre l'accusé qu'à la majorité de cinq voix contre deux. La peine est prononcée aussi à la majorité de cinq voix contre deux. (Les circonstances atténuantes seules sont accordées à la majorité absolue des voix.)

D'après cela, si quatre voix seulement prononçaient la culpabilité, l'accusé jouissait de la minorité de faveur; si quatre voix seulement prononçaient une peine semblable, et les autres des peines différentes, l'avis le plus favorable sur l'application de la peine était adopté.

C'est une chance de moins qu'aura l'accusé à l'avenir, compensée, il faut le dire, et ayant de ce fait sa raison d'être, par l'admission de circonstances atténuantes pour tous les crimes et délits soumis aux conseils de guerre (sauf en cas de guerre) (1).

La raison donnée n'est pas absolument juste : « Cette disposition, dit le rapport,

----

(1) C'est sur les délibérations des conseils qu'on a fait, de tout temps, les plus nombreux commentaires, et il n'eût peut-être pas été mal, puisque tout le monde le sait, de poser à ces délibérations des règles immuables. C'est là qu'il eût été bon de dire que la première partie de la délibération relative à la culpabilité devrait être spontanée, dégagée de toute pression par une sorte de discussion préliminaire; mais qu'une fois la culpabilité admise la discussion ne présentait plus les mêmes inconvénients et offrait, au contraire, l'avantage de ramener l'unité dans l'application de la peine ou de résoudre les questions de fait et de droit, en se livrant en commun, à l'interprétation des lois applicables. Ce mode échappe à toute critique et indique aux juges que ce n'est pas du tout une obligation pour eux que de revenir sur un premier vote et de modifier leur décision, en la rapprochant de l'avis qui leur paraît le plus adoptable.

fait disparaître les objections qu'on avait faites, en 1857, pour introduire dans les conseils deux membres du même personnel que l'inculpé, et qui avait été repoussée alors en faisant observer que, comme trois voix suffisaient à déterminer l'acquittement, il y aurait danger à avoir parmi les juges deux camarades de l'inculpé disposés, par esprit de corps, à lui être favorables. » Quant au prononcé de la peine, le rapport pense que l'adoption de la majorité absolue, avec application de l'avis le plus favorable, tempérera suffisamment la rigueur des pénalités du Code militaire.

IX

LES CIRCONSTANCES ATTÉNUANTES
EN TEMPS DE PAIX

Tout le monde, c'est certain, approuvera l'exposé des motifs du Projet disant qu' « il faut favoriser l'amendement des coupables par des atténuations de peine accordées au repentir et à la bonne conduite ». C'est parfait.

En ajoutant qu' « il faut que la loi permette au juge (au lieu de déconcerter les consciences et la sienne propre par l'influence que la sévérité de certaines peines a sur son verdict) de suivre son penchant naturel, en graduant le châtiment suivant le degré de perversité qu'il reconnaît dans l'acte délictueux », on dit certainement une chose théoriquement juste.

Seulement, tout le monde semble oublier que la trop grande indulgence pendant la paix prépare l'indiscipline pendant la guerre.

Code milit. 8

On s'est bien rendu compte, dans le Projet, que les conclusions relatives aux circonstances atténuantes ne s'appliquent et ne se peuvent appliquer qu'au temps de paix. On a même cité le mot du maréchal Niel en 1857, disant que « la vie, en campagne, n'est qu'une longue suite de circonstances atténuantes, et que si l'on comptait comme telles le besoin et la fatigue, il faudrait supprimer le Code ».

Mais on me paraît avoir moins prévu qu'une loi qui n'aurait en vue que l'armée du temps de paix rendra trop faible dans la répression des crimes et des délits et créera, sans le vouloir, une indiscipline croissante et irréductible. Et comme conséquence, on sera obligé, la guerre venant, d'en arriver dès le début à des mesures peut-être alors trop rigoureuses.

N'a-t-on pas vu cela pendant l'année terrible, où cependant on avait en mains pour l'exécution le Code de 1857, aujourd'hui incriminée ?

La discussion que l'on pourrait établir sur la question n'a qu'une importance un peu effacée, puisque la loi de juillet 1901 accorde les circonstances atténuantes et que cette loi est à très peu près le texte même des articles 268 et 269 du Projet. Ce n'est donc plus un « projet », c'est un fait accompli.

Art. 268. — « Aux militaires ou assimilés, condamnés pour des faits prévus par le présent Code, il peut être accordé des circonstances atténuantes (sauf certains cas de guerre énumérés). »

Dans ces cas de « guerre » (zone des armées en campagne ou des territoires en état de siège), les circonstances atténuantes ne sont accordées qu'à ceux punis des peines des lois ordinaires, quand ces lois les admettent, et qu'à ceux condamnés pour les crimes et délits énumérés dans un certain nombre de cas indiqués dans le Projet.

Je résume ces cas : insoumission ; vol; pillage; destruction; dévastation d'édifices ; lacération d'armes ou d'effets ; destruction de registres militaires; voies de fait, menaces, injures chez l'habitant; infraction à la loi de réquisition; usurpation d'uniformes ou décorations; faux en matière d'administration, corruption, prévarication, infidélité dans le service de l'administration militaire (lorsque le coupable n'est ni administrateur ni comptable) (dix-sept articles divers).

L'article 269 suivant, qui est en entier dans la loi de juillet 1901, laquelle en reproduit le texte intégral, indique les modifications que l'admission de circonstances atténuantes apporte aux peines prononcées.

Nous voilà bien loin, on le voit, de la prudence que demandaient les parquets militaires et les juges militaires dans la faculté des atténuations de peine.

Le Code de 1857 n'avait pas voulu, et le Projet de modifications au fonctionnement de la justice militaire le fait ressortir, admettre d'une façon générale l'article 463 du Code pénal ordinaire.

Il avait très justement motivé ses raisons ainsi qu'il suit :

« Toute disposition qui tendrait à donner au soldat la croyance qu'il peut compter sur l'indulgence ou la faiblesse des juges, et qu'il ne sera puni que d'une peine amoindrie s'il commet tel ou tel crime, tel ou tel délit, serait funeste à l'armée ou à la discipline absolue qui la maintient et fait sa force. »

Nous paraissons être bien revenus de ces sages paroles.

La loi de 1857 partageait les crimes et délits en deux catégories très distinctes.

Les uns s'attaquaient à la constitution de l'armée et aux principes desquels découle son action ou, si l'on préfère, sur lesquels cette action repose, tels la trahison, l'espionnage, l'embauchage, la révolte, l'insubordination, la rébellion, l'abus d'autorité, l'insoumission, la désertion, la vente d'effets militaires. Pour ceux-là, elle ne voulait pas de circonstances atténuantes. Elle ne les admettait que pour des accusés non militaires ou non assimilés, traduits devant un conseil de guerre.

Les autres, qui rentrent dans la classification des crimes et délits communs, comportaient des circonstances atténuantes, tels le vol, le pillage, la dévastation d'édifices, le faux, la corruption, la prévarication, l'infidélité, l'usurpation d'uniforme.

Et cela toujours d'après ce principe qu'en ce qui concerne les crimes et délits s'attaquant à la constitution de l'armée, on doit surtout avoir en vue l'intimidation, qui, seule, va au but et produit des effets salutaires.

De l'avis presque unanime, ce partage des crimes et délits en deux catégories était à conserver pour l'obtention des circonstances atténuantes, en y ajoutant quelques cas qui eussent non pas fait passer des crimes et délits de la première catégorie dans la seconde, mais tempéré la grande sévérité du Code.

Une simple étude demandée aux parquets militaires eût résolu la question. Ils connaissent tous quels sont les cas où les embarras se produisent dans les décisions des conseils.

On a cité par exemple :

(Art. 223.) Les voies de fait exercées pendant le service ou à l'occasion du service par un militaire envers son supérieur sont punies de mort ;

(Art. 224.) Tout militaire qui, pendant le service ou à l'occasion du service, outrage son supérieur par paroles, gestes ou menaces, est puni, s'il est sous-offi-

cier, caporal, brigadier ou soldat, de cinq
à dix ans de travaux publics.

Il n'est pas douteux qu'il n'y ait quelquefois des voies de fait de peu de gravité, des outrages amenés par des situations particulières; on peut se trouver en
présence d'un accusé ayant brillamment
fait son devoir, de bonne conduite habi-
tuelle; d'un homme peu intelligent, de
tempérament difficile, mais brave garçon
néanmoins; on peut reconnaître que l'ir-
ritation est venue comme conséquence de
la dureté militaire d'un supérieur, d'un
entraînement irréfléchi, de libations auxquelles l'accusé n'est pas habitué et qui
l'ont surpris.

Prononcer la mort pour la voie de fait,
ou cinq ans de travaux publics pour l'outrage, peu de juges s'y résolvent, peu de
commissaires du gouvernement s'y décident. Alors, malgré l'évidence, on tourne
la difficulté; on oublie, on supprime la
question « dans le service », pour arriver
à pouvoir infliger le minimum des peines,
à remplacer la mort par les travaux publics, les travaux publics par la prison;
souvent même, et dans l'impossibilité
d'effacer la mention « dans le service »,
étant donné le lieu où s'est passé la voie
de fait ou l'outrage, on en arrive, dans
la liberté absolue de sa décision, à acquitter purement et simplement.

C'est absolument incorrect, juridiquement absurde, mais on préfère en passer

par là que de prononcer une condamnation contre laquelle se révolte la conscience.

Il serait évidemment plus digne, dans ces cas-là, qui sont, avec le refus d'obéissance, connus de tous ceux qui ont siégé dans un conseil de guerre, de pouvoir admettre des circonstances « atténuantes » et abaisser la peine.

Nombre d'officiers que ces dispositions ont frappés se sont attaqués aux crimes et délits contre les devoirs militaires et ont déclaré que les peines prononcées par le Code pour cette catégorie sont généralement excessives.

« De là à déclarer que l'introduction du principe des circonstances atténuantes n'offrirait aucun danger, il n'y a qu'un pas. Seulement, ils voudraient, comme conséquence, une graduation plus complète des peines. »

On dit souvent que l'inscription, dans le Code, de la peine de mort souvent prononcée et rarement exécutée, soit par incorrection, soit par grâce du chef de l'Etat, soit sur la demande même des membres du conseil, avait de grands inconvénients; que, souvent, elle est hors de proportion avec le crime ou le délit, et cependant les codes succèdent aux codes, les projets aux projets, sans qu'on puisse trouver de suppressions bien accusées.

Relisez les Codes, depuis la Révolution

et, si vous le pouvez, les projets de code, au point de vue de la peine de mort, et vous jugerez qu'ils ont successivement été copiés les uns sur les autres.

Je suis, dans le Projet nouveau, la filière des crimes, des délits et de leurs punitions (titre II). Les prononcés de punitions sont à très peu près ceux de 1857, lesquels se rapprochaient fort des prononcés antérieurs, et j'y relève vingt fois le mot « est puni de mort » .

Au chapitre premier (trahison, espionnage, embauchage), cinq cas différents (peine de mort) : articles 278, 279, 280, 281, 282.

Au chapitre II (crimes et délits contre les devoirs militaires : capitulations, abandon de son poste), quatre cas (peine de mort) : articles 284, 285, 286, 288.

Au chapitre III (révolte, insubordination, rébellion : révolte, refus d'obéissance, violence à main armée, voies de fait avec préméditation), six cas différents : articles 292, 293, 295, 296, 297, 298.

Abus d'autorité, trois cas : articles 304, 305, 306.

Désertion à l'ennemi, deux cas : articles 317 et 320.

Pillage, destruction, dévastation d'édifices, trois cas : articles 329, 330, 332.

Total, vingt cas.

Voilà donc un nouveau code, écrit sous l'inspiration des idées du jour. En dépit de ce que les auteurs du Projet de modifications disent être « le profond changement opéré dans l'esprit et les mœurs publiques, esprit dont tout porte l'empreinte », on n'a pas trouvé possible de changer rien à ce que les codes militaires antérieurs avaient jugé devoir punir de la peine capitale.

Et, en effet, tous les raisonnements du monde ne peuvent rien contre les crimes militaires quand ces crimes peuvent entraîner le malheur du pays, la perte de son indépendance, la mort de ses soldats. On ne lèse plus les particuliers, on lèse la nation, la patrie.

Est puni de mort :

Tout Français qui porte les armes contre la France ;

Tout chef qui livre à l'ennemi la troupe qu'il commande ou la place qui lui est confiée à défendre ;

Tout soldat, quel qu'il soit, qui procure à l'ennemi des secrets intéressant la défense du territoire ;

Tout espion qui s'introduit dans les rangs ou les établissements pour y chercher des renseignements à transmettre à l'ennemi ;

Tout traître qui cherche à détourner les soldats de leur devoir ;

Tout chef qui capitule sans avoir épuisé ses moyens de défense ;

Tout soldat qui viole sa consigne devant l'ennemi ou abandonne son poste et peut causer ainsi la perte des siens ;

Tous soldats qui se réunissent et se mettent en révolte contre leurs chefs ;

Tout militaire qui, devant l'ennemi, refuse d'obéir aux ordres ;

Tout soldat qui, les armes à la main, attaque une sentinelle pour l'empêcher d'exécuter sa consigne.

Tout militaire qui frappe son chef avec préméditation ou guet-apens, ou qui commet une voie de fait sous les armes contre son supérieur ;

Tout chef qui, sans motif et sans ordre, attaque à main armée des troupes de l'armée ou qui prolonge les hostilités après avoir reçu avis d'une trêve, ou qui prend un commandement sans ordre.

Tout militaire qui déserte et passe à l'ennemi ;

Tous militaires réunis pour piller à force ouverte ;

Tout militaire qui incendie ou détruit des ouvrages militaires ou des édifices à l'usage de son armée, dans un but coupable.

Vous chercheriez en vain d'autre peine à prononcer que la mort dans tous ces crimes contre l'honneur, le devoir, la patrie, et c'est certainement une erreur d'avoir voulu y toucher et en permettre l'atténuation, même en temps de paix.

Qu'on soit en paix ou en guerre, tout soldat (et j'entends par soldat la hiérarchie entière) qui se procure des plans de places de guerre, qui dévoile à l'étranger nos secrets de mobilisation ou d'armement, qui entretient des intelligences avec une puissance étrangère pour la mettre à même d'être mieux préparée en cas d'hostilité, est un abominable traître. (Art. 279.)

Tous militaires qui, réunis en un groupe, se livrent à des violences, refusent l'obéissance, menacent de leurs armes, sont en état de rébellion, et la discipline la moins sérieuse veut que les instigateurs disparaissent, aussi bien en temps de paix qu'en temps de guerre.

Tout chef militaire qui, les armes à la main, prend un commandement dans un but d'attaquer sans ordre, est coupable aussi bien en temps de paix qu'en temps de guerre, si cela s'applique aux troupes françaises aussi bien qu'à des étrangers.

Et je ne m'expliquerais guère un président de conseil de guerre posant, après des aveux et des preuves certaines, la question des circonstances atténuantes au conseil. Ceux donc qui demandent qu'on fasse un triage pour n'accorder l'atténuation qu'à certains crimes et délits me paraissent être dans le vrai, tout en reconnaissant qu'il est absolument juste de dire que ceux qui ont fait la loi de 1857 ont touché seuls la corde sensible en écrivant qu'en matière de crimes ou délits militaires tout ce qui tend à indiquer des idées d'indulgence est funeste à la discipline.

Mais, vis-à-vis de gens absolument dé-

cidés à croire que le changement des
mœurs politiques doit apporter des mé-
nagements aux habitudes de la justice,
il n'y a pas de discussion possible. D'autre part, pour ceux qui vous mettent en
face des pénalités du Code français, et
qui s'ingénient à traduire les pénalités
des codes étrangers, surtout du Code allemand, lorsque ces pénalités sont moindres, je ne puis que répondre : Nous ne
connaissons pas suffisamment l'esprit intérieur qui anime ces armées pour nous
modeler sur elles; en tous cas, soyez certains qu'elles sont d'une pression rigou-
reuse. Je n'en voudrais pour preuve que
la facilité avec laquelle nous créons des
bataillons dans notre légion avec les déserteurs des armées qui nous entourent.

Tout attaché que je puisse être aux
principes de la loi que l'on veut changer,
je ne suis pas du tout de ceux qui pensent qu'on doit chercher des solutions
dans le passé.

On nous dit que la question des circonstances atténuantes à la justice militaire ne date pas d'hier. Non, en effet.

Mais le peu d'entraînement que l'on
trouve sur ce sujet dans les diverses lois
et projets de loi qui ont été essayés depuis la Révolution prouve que l'on a
toujours été, dans les comités et commissions, d'avis différents.

Le général qui a fait une étude des
plus approfondies sur la réforme de la

justice militaire nous montre qu'en bien des cas on admettait des « excuses » sous la forme d'atténuation à la peine ou pour aboutir à cette atténuation. La peine de mort, de tout temps, a ému comme aujourd'hui la conscience des juges, et on a toujours cherché, en certains cas, les moyens de la commuer.

Puis on a désiré des circonstances atténuantes pour le vol de denrées ou d'effets appartenant à l'Etat ou à des militaires; puis on en a eu l'idée pour l'insoumission et la désertion, mais sans pouvoir aboutir.

Après la révolution de 1830, on s'emballa un peu sur ce sujet « des atténuations », et l'on conclut, comme tout le monde le pense encore aujourd'hui, à l'admission partielle pour des crimes et délits déterminés.

J'ai cité, ci-dessus, la loi de 1857, celle qui nous régit encore aujourd'hui. Lorsqu'on la présenta, les circonstances atténuantes furent, à la commission et à la Chambre, l'objet de discussions des plus vives.

Le maréchal Niel, qui en faisait partie, et dont j'ai prononcé déjà le nom tout à l'heure à ce même propos « des circonstances atténuantes en temps de guerre », se montra absolument intransigeant. Non seulement il répétait sans cesse qu' « en cas de guerre toutes les circonstances étaient atténuantes », mais il posait en principe que, « pour les dispositions d'un code pénal du temps de paix, on avait forcément à s'inspirer avant tout de l'état de guerre et éviter rigoureusement tout ce qui était de nature à mettre en péril la discipline et le devoir militaire ».

C'est à lui et à son adjoint que l'on doit les décisions que j'ai citées de la loi.

Ce ne fut pas sans difficulté, et il était intéressant de le rappeler, parce que, dans les discussions, on voit très bien poindre qu'en certains cas on considère presque comme une nécessité de les admettre.

« Si le juge, en présence de votre système si radical, disait l'un des opposants au maréchal, trouve une peine infligée par le Code trop forte et que vous lui ôtiez la facilité de la modifier, il acquittera au mépris de la vérité judiciaire. »

« Ne craignez-vous pas, disait un autre, d'enraciner chez les juges des habitudes d'indulgence et de faiblesse en emprisonnant leur conscience dans un cercle étroit? Ne craignez-vous pas qu'en empêchant toute atténuation de la peine à prononcer vous n'engendriez des iniquités? »

Tout cela est très bien et prouve que la question, dès le début, a été parfaitement étudiée. Il y a le pour et le contre.

Et je crois que tous les hommes de ma génération qui ont eu occasion de voir de près les conseils de guerre sont convaincus que l'application à tous les cas des circonstances atténuantes est une sensiblerie.

Elles ne devraient raisonnablement être appliquées qu'aux crimes et délits de droit commun, et pour tout ce qui touche à la constitution de l'armée il conviendrait de ne s'en tenir qu'à trois ou quatre articles.

Le Code a cela de particulier, c'est que, si l'on veut le reviser au point de vue de l'application des peines, et c'est chose obligatoire du moment qu'on admet les circonstances d'atténuation, il faut absolument toucher aux peines d'ordre inférieur, pour fixer des minima et des maxima.

C'est alors un remaniement complet de la pénalité, sous peine de ne présenter qu'un simple replâtrage.

Application de la loi de sursis pour les délits de droit commun.

La nouvelle loi militaire en projet n'a pu — c'était forcé — échapper à l'introduction de la fameuse loi du sursis. Elle est théoriquement si séduisante, elle touche si adroitement le sens moral intime des foules !

On en est bien revenu, cependant, dans les masses fortement honnêtes, de cette théorie brillante du « sursis ».

Elle permet les plus tristes applica-

tions. Elle est souvent le plus attenta-
toire à la vérité; malheureusement, quoi
qu'on fasse, elle frappe les naïfs, et il
faut, dit-on, de la naïveté en justice
pour le plus grand nombre des petits
philosophes que nous voulons paraître.

Tous ces jugements, empreints de cette
sorte de naïveté, que prononce le président Magnaud, et qui font le tour de la
presse, en sont une preuve convaincante.

La loi Bérenger, qu'on a tant admi-
rée, eh bien, les magistrats eux-mêmes
en sont venus à dire qu'elle a été inven-
tée « pour permettre aux magistrats de
se défiler dans les cas embarrassants ».
Tout le monde a entendu dire cela, et
par les bouches les plus autorisées.

C'est une « solution élégante », a écrit
un jurisconsulte qui n'a jamais voulu
l'admettre, « qui permet de condamner
sans condamner, d'acquitter sans acquitter ».

Et c'est absolument vrai. Il y a des
preuves et de fréquentes preuves que la
loi de sursis permet surtout de se dis-
penser de fouiller les questions.

Et les bizarreries qu'elle amène sont si
étonnantes et si peu en rapport avec le
sentiment de la justice ! C'est, dans un
ordre judiciaire plus élevé, ce que les co-
médiens ont appelé *Les surprises du di-
vorce.*

On a bien voulu admettre, pour cette
fois, que la loi Bérenger n'est pas, en
l'état actuel — en ajoutant *in petto* que

c'est malheureux — applicable aux condamnations prononcées par le Code de justice militaire.

Le comité n'a pas hésité à écrire dans le nouveau Code en projet que le sursis sera appliqué à tous les délits de droit commun; il a même examiné sans oser le résoudre, nous dit-on, si on ne pourrait pas en étendre le bénéfice aux délits spécialement réprimés par le Code militaire.

Voici comment s'exprime le Projet, à l'article 271 :

« Les articles du Code pénal relatifs au sursis sont applicables à toutes les condamnations prononcées soit par les tribunaux ordinaires dans les cas visés par les articles du Code pour les crimes et délits (sauf ceux commis aux armées), soit par les tribunaux militaires. »

Et cet article 271 vous reporte à une série d'articles ayant trait à la « compétence en cas de complicité », qui se résument : « Tous les prévenus, indistinctement, sont traduits devant les tribunaux ordinaires lorsque la poursuite d'un crime ou délit comprend des individus non justiciables des tribunaux militaires et d'autres justiciables de ces tribunaux, excepté s'ils sont tous militaires ou assimilés, lors même qu'il y en aurait qui, en raison de leur position au moment du délit ou du crime, ne seraient pas justiciables du tribunal militaire;

ou s'ils sont militaires et étrangers complices; ou s'ils sont aux armées en pays étranger, ou s'ils sont en présence de l'ennemi. »

Là, il y a évidence même que l'on ne pourrait, en cas de condamnation, refuser aux complices militaires un sursis que l'on accorde aux complices civils.

Mais, lorsqu'il s'agit d'un seul inculpé, l'application de la loi de sursis, à moins de raisons valables, va, quoi qu'on en puisse dire, à l'encontre de la chose disciplinaire, qui doit primer dans toutes les décisions relatives à une armée, surtout avec le temps de service restreint que subissent nos soldats.

Ce n'est pas d'aujourd'hui que ces idées d'atténuation des fautes sont entrées dans l'armée. Comptant sur l'effet moralisateur de la loi Bérenger appliquée aux délits simplement disciplinaires, j'ai vu pas mal de chefs de corps, de généraux et surtout d'amiraux essayer d'en tenter l'application aux peines disciplinaires.

Tous, ou presque tous, y ont renoncé et se sont rendu compte que, même dans leur petite sphère de juridiction, ils n'en tiraient pas de résultats pratiques.

Octroyer la remise de sa punition à un homme lorsque la faute commise est une première du genre et s'astreindre à l'exécution de cette décision pour être dans l'absolue logique et justice est le plus

souvent une erreur (1); en foule de cas,
c'est une duperie, parce que toute répression méritée doit avoir un caractère qui
assure contre un germe d'indiscipline,
petit ou grand, la protection à la collectivité.

La loi de sursis qu'on voulait appliquer dans certains corps aux punitions
de la discipline prescrites par le service
intérieur des troupes ne servait, le plus
souvent, qu'à mettre les plus malins à
même de bénéficier d'une véritable im-
punité.

Elle n'aura guère plus de succès appliquée aux peines prononcées par les
tribunaux contre les militaires, attendu
qu'il faut un délai de cinq ans sans condamnation nouvelle pour qu'elle puisse
être définitivement annulée, et que la
durée de séjour sous les drapeaux est de

---

(1) J'ai connu, dans ma carrière, bien
des chefs, arrivés jeunes aux grades supérieurs, qui se faisaient un plaisir, chaque
semaine, de se faire présenter les soldats
punis durant les huit jours. C'était l'occasion de montrer leur bienveillance, d'écou-
ter quelques doléances, de lever la plupart
des punitions des malins qui savaient exposer leur affaire. Les vieux officiers, der-
rière eux, souriaient, et il me souvient d'un
vieux général qui disait toujours : « A la
guerre, ce sont toujours les mêmes qui se
font tuer. A la caserne, ce sont toujours les
mêmes qui sont en prison. »

trois ans au plus ou quatre pour certains engagés.

Lisez bien entre les lignes du rapport du contentieux en ce qui concerne le sursis; on voit combien a été grand l'embarras de leurs membres quand il s'est agi de cette atténuation.

« Bien qu'on puisse alléguer que l'octroi du sursis sera subordonné (comme celui des circonstances atténuantes) à l'appréciation du juge, le comité a dû ne pas accorder ce bénéfice aux délits militaires qui jouissent déjà de l'important avantage d'échapper aux pénalités de la récidive.

« En outre, il faut considérer que, dans la justice militaire, la répression doit avoir un caractère exemplaire qui, au delà de la punition de l'individu, assure la protection de la collectivité.

» C'est là le véritable motif de sa rigueur et de ses formes rapides, et c'est dans ce but qu'on met les punitions graves à l'ordre du régiment, qu'on affiche les condamnations dans les casernes et qu'on fait assister les jeunes soldats aux parades d'exécution.

» Comment l'exemple serait-il donné et la discipline sauvegardée avec la loi de sursis, qui laisserait sans répression immédiate et manifeste un délit que le chef de corps aurait jugé nécessaire de déférer à la justice militaire? Car il importe de faire remarquer qu'on ne recourt dans l'armée aux conseils de guerre que dans des cas réellement graves et qu'on y applique déjà, en réalité, la loi de sursis, en se bornant à la répression disciplinaire quand il ne s'agit que d'une première faute ou quand le coupable est un jeune soldat encore peu au courant de ses devoirs. »

Alors? Mais je n'insiste pas.

Comme nous sommes loin, là, n'est-ce pas, de « cette terrible et impitoyable » justice militaire; de cette association abominable d'officiers et de sous-officiers formant la cour d'assises militaire, destinée à frapper toujours et quand même ! »

N'entendez-vous pas dire tous les jours que les juges d'instruction ne voient en chaque individu qui passe sous leurs yeux qu'un coupable et que dès qu'on est sous leur main on est coupable? Tous les récits, tous les théâtres, tous les drames le font ressortir, et bien des magistrats l'avouent eux-mêmes.

Dans le même ordre d'idées, comment peut-on mettre en parallèle cette cour d'assises militaire, composée d'officiers et de sous-officiers juges pour six mois au plus, devant lesquels passent quelques rares affaires, avec le juge, magistrat qui condamne quotidiennement durant toute sa carrière !

Peut-on raisonnablement admettre que ces jurés et juges que sont à la fois nos officiers et sous-officiers, qui ne sont pas comme les jurés civils, du reste, des professionnels, qui ne sont pas, comme les juges, des professionnels non plus, qui ne sont pas blasés comme eux sur le fonctionnement de la justice répressible, n'ont pas dans le cœur plus de place pour la pitié que les juges et autant que les jurés des cours d'assises?

Je vais toucher évidemment une corde sensible, mais j'avoue ne pas bien me rendre compte des motifs qui ont pu faire discuter la loi de sursis pour les fautes militaires. Je ne sais si le rattachement se fera à la juridiction ordinaire, en temps de paix, des crimes et délits de droit commun non commis dans l'exécution du service, mais en dépit de toutes les théories, si toutes les affaires concernant les soldats restent comme aujourd'hui de la compétence des conseils de guerre, je voudrais qu'il ne fût jamais question de sursis ni de loi Bérenger.

J'estime que, chez nous, comme dans la magistrature civile, une loi pareille peut amener, et amène, on l'assure partout, à ne pas « doser scrupuleusement la répression ».

On se dispense de toute réflexion en se disant, et cela est très humain, que ce n'est pas la peine, puisque le condamné, étant à sa première condamnation, ne fera pas sa peine, et que, par suite, la mesure plus ou moins sévère qu'on prononcerait est sans grande importance.

Dans ces conditions, a dit un général qui a écrit sur ce sujet des pages remarquables, mieux vaut pardonner comme font les conseils de guerre et acquitter s'ils se trouvent en face d'un repentir et d'un entraînement.

« Nous pardonnons au nom de la société et de la patrie. »

C'est aussi bien et plus noble que la loi Bérenger.

X

RECRUTEMENT DES PARQUETS MILITAIRES

Je termine, si on le veut bien, par la question du personnel des parquets militaires, par laquelle j'aurais peut-être dû commencer.

Aussi bien, pour quelques-uns, c'est la grande innovation que nous apporte le Projet du Code de justice militaire.

Signe des temps ! ont dit quelques écrivains, même ceux qui pensent que cette innovation renforcera la constitution de nos tribunaux militaires.

Le Projet dit à peu près explicitement :

« Aux termes de la loi de 1857, le personnel permanent de la justice militaire, rapporteurs et commissaires du gouvernement, se recrute parmi les officiers ou les membres de l'intendance en activité ou en retraite; mais, pour des motifs de carrière, on n'a trouvé pour les remplir que des officiers retraités ou fatigués du service, sans préparation antérieure et déjà âgés.

» A l'étranger, au contraire, presque partout, on a créé pour les parquets militaires des corps d'officiers spéciaux recrutés soit parmi les docteurs en droit qui le demandent, soit parmi des officiers encore jeunes ayant fait preuve de connaissances juridiques. »

Partant de ces faits, et tout en reconnaissant qu'on ne peut être à la fois officier et docteur en droit sans qu'une chose nuise à l'autre, la commission du Projet de modifications à la justice militaire a pris une sorte de juste milieu, contentant à la fois la nécessité que le magistrat militaire ait vécu dans l'armée et en connaisse l'esprit et la nécessité que ses connaissances en droit soient suffisantes pour le mettre, sous ce rapport, au-dessus des juges d'un conseil.

Naturellement, cela se résout par un recrutement d'officiers désireux d'entrer dans le nouveau corps et obligés, pour y être reçus, de passer des examens sur le droit civil, le droit administratif, la législation et l'administration militaires. Le problème, de cette sorte, semble résolu.

Ce sont là, je ne le nie pas, des théories séduisantes, mais se réaliseront-elles comme le supposent les membres de la commission du Projet de loi? (1).

____

(1) Le premier projet dû à l'initiative par-

Avez-vous connu — je prends ici à témoin tous ceux qui ont approché les

---

lementaire ne ménage pas nos parquets militaires : « Les magistrats des parquets, dit-
il, doivent présenter aux justiciables des
conseils de guerre une garantie spéciale du
respect de la loi; la possession du diplôme
de licencié en droit affirmerait « qu'au
moins » ils la connaissent.

» Actuellement, ils n'offrent pas cette garantie : pris parmi les officiers retraités par
limite d'âge, ils n'ont ni brevet de capacité
ni compétence pratique. Ils ne peuvent ap-
prendre, à un âge où l'on n'apprend plus
rien, la science si difficile du droit, et, appelés à éclairer les juges, ils sont en résumé
soumis à la direction de leurs greffiers,
« seuls professionnels du droit dans les conseils de guerre ».

» L'armée a l'honneur de compter dans ses
rangs des officiers actifs pourvus du diplôme de licencié en droit ; la réserve et l'armée territoriale les comptent par centaines,
à tous les degrés de la hiérarchie, depuis le
soldat jusqu'au grade de capitaine inclus et
quelquefois au delà : leur nombre ne fera
qu'augmenter si vous voulez bien utiliser
leur science.

» Le ministre de la guerre peut donc, dès
demain, organiser un nouveau personnel des
parquets militaires pour le temps de paix
d'abord, puis pour les conseils de guerre aux
armées mobilisées. Il ne resterait d'exception
que pour les conseils de guerre dans les co-
lonnes expéditionnaires et sur les navires.
Cette exception disparaîtrait bientôt.

» Développer dans l'armée la science du

conseils — beaucoup de commissaires du gouvernement ou de rapporteurs inférieurs à leur tâche? Combien?

Ils sont âgés, dites-vous, mais pas assez, certes, pour ne pas savoir patiemment travailler lorsque le besoin s'en fait sentir.

Les rapporteurs ont tous subi les épreuves nécessaires pour remplir leurs fonctions convenablement; les commissaires du gouvernement ne sont pas les premiers venus, on ne les nomme pas sans les avoir étudiés, et, d'ailleurs, qui voudrait solliciter ces fonctions sans s'en sentir la force et sans se rendre compte qu'il arrivera à les remplir? Ce ne sont plus des jeunes gens, ils ont de l'expérience.

Et puis, les causes soumises à la perspicacité des parquets militaires sont généralement simples, et si, par hasard, elles se compliquent, on a mille moyens de s'éclairer des décisions antérieures de juristes expérimentés, dans des cas semblables à celui qu'on a à traiter.

Je vois bien que toutes ces querelles d' « Allemand » ont pour but d'avoir un corps spécial, à l'imitation de certaines

droit, c'est lui inculquer plus profondément encore l'amour de la République, basée uniquement sur le droit. »

Voilà qui est parler carrément et pas tendre!

puissances étrangères. Mais pourquoi cette création? Est-ce pour importer en France les dispositions de certains de nos voisins?

Dans quel but, si les nôtres suffisent?

On me cite un tas d'armées qui ont un corps de « conseillers de la justice », l'Allemagne, l'Espagne, le Portugal, la Russie, la Bulgarie, la Serbie, l'Autriche-Hongrie. Et on me dit que la France « doit sortir de cette sorte d'isolement où elle est par rapport aux autres et se mettre sur le même pied qu'eux. »

J'avoue que c'est loin d'être une raison péremptoire.

Je croirais plutôt que l'on est entraîné par les tendances du jour à la multiplication des fonctionnaires. On croirait, à lire certaines élucubrations amenées par ces projets, que l'armée est inondée de gens à crimes et à délits.

Or, il n'en est rien, quoique l'on ne se prive pas, dans certains milieux, de crier sur les toits que « la caserne est l'école du vice ».

Dans toutes les régions de corps d'armée, même celles où se trouvent nos grands ports de guerre et, par suite, toutes les troupes qui constituent l'armée coloniale, il n'est pas besoin, je puis le dire carrément, d'un autre personnel que celui qui existe pour traiter les affaires délictueuses ou criminelles des militaires, qui sont relativement peu nombreuses.

On dit que l'organisation actuelle ne garantit pas suffisamment aux accusés militaires la force morale pour les jugements rendus par des juges militaires dépourvus de connaissances juridiques et pratiques du droit.

Comment! c'est au moment où il n'y a qu'un cri contre la magistrature, où on l'accuse d'être à la dévotion des gouvernements et des ministres et des députés, où on la chicane tous les jours sur l'exécution de son grand axiome que « la justice rend des arrêts et non des services »; c'est au moment où tous nos magistrats sont forcés de s'avouer qu'en dépit de leur honnêteté, de leurs principes, de leurs sentiments innés, ils sont—c'est un signe des temps—soumis, comme tous les fonctionnaires, au désir de l'avancement, de l'augmentation de leurs émoluments et, par suite, de leur bien-être et de celui de leur famille, c'est ce moment que vous choisissez pour demander la création d'un corps spécial de magistrats militaires qui assurera le service des parquets et aura sa hiérarchie propre?

Et voyez le peu de logique.

Vous voulez, d'après le Code nouveau, ne laisser aux conseils de guerre que la répression des délits et crimes essentiellement militaires. Il s'agit de désertion, de voies de fait, de refus d'obéissance, d'outrages et de menaces à des supérieurs..... Eh bien, pour cela, est-il vraiment bien nécessaire à un rapporteur, à un commissaire du gouvernement, d'avoir une érudition profonde des choses du droit? Il s'agit d'entendre des témoins qui disent l'attestation de la faute, de mener une information des plus simples, de diriger les débats les moins épineux et de demander l'application de tel ou tel article du Code, correspondant au fait de l'accusé.

A quoi bon serait donc d'exiger du parquet autre chose que du jugement et de l'esprit militaire?

De tous les délits et crimes de droit commun, vous ne voulez plus donner la compétence à vos conseils de guerre, vous la repassez aux tribunaux civils, aux magistrats ordinaires.

Mais il n'y a que de ces crimes et ces délits-là où vous puissiez dire qu'il peut se rencontrer des situations délicates, des difficultés particulières pour lesquelles il faut une certaine érudition juridique.

Et ce sont précisément celles-là dont vous voulez que les tribunaux militaires n'aient plus à s'occuper.

Alors, pourquoi de nouveaux magistrats?

On dit, dans le Projet, qu'on trouve « à la création d'un corps de la justice militaire l'avantage de la diminution de non-valeurs qu'entraîne le système en vigueur aujourd'hui». J'avoue n'avoir pas bien compris !

De quelles non-valeurs veut-on parler ? Nos commissaires du gouvernement et nos rapporteurs sont presque tous des officiers retraités. Ils ont généralement comme substitut un officier des corps de la région qui vient là passer quelques mois pour se mettre au courant des méthodes. On crée ainsi, en vue du temps de guerre, un noyau de personnes au courant du travail d'un parquet.

Cela fait dans l'armée une trentaine, peut-être, de lieutenants détachés de leur régiment momentanément.

Où diable voit-on là des « non-valeurs » ?

Comment supposer que des officiers-magistrats relevant directement du ministre, ayant une hiérarchie propre présenteront les garanties d'indépendance que l'on recherche chez des officiers en retraite n'ayant rien à espérer, sans ambition autre que celle de bien remplir leurs fonctions, à la satisfaction de leur conscience et de ceux avec lesquels ces fonctions les mettent en relations ?

S'ils laissaient fort à désirer, si l'on avait de grands reproches à leur faire, je m'inclinerais; mais non, et je me demande si les résultats vont être meilleurs parce que l'on augmentera le bagage d'instruction des nouveaux. En somme, il ne faut pas se le dissimuler, étant donnée la lenteur de l'avancement, il y aura des demandes, mais elles ne seront faites que par des officiers auxquels le service actif sera devenu déplaisant.

Consultez tous les militaires qui ont des notions du conseil de guerre; tous vous diront qu'évidemment ce serait l'idéal d'avoir dans les parquets des officiers qui, déjà anciens, connaissant le soldat, ayant vécu de la vie régimentaire, auraient des notions sérieuses de droit (la licence, sinon le doctorat) (1).

Mais à côté de cela, combien dangereux, malgré toutes les raisons dont on enveloppe le projet, le manque d'une indépendance absolue qui est la première condition d'un rapporteur et d'un commissaire du gouvernement!

---

(1) Aux termes de l'article 3 du Code de justice de 1857, les juges d'un conseil sont pris parmi les officiers et sous-officiers en activité de la circonscription. Ils peuvent être remplacés tous les six mois.

On a fait remarquer que, lorsque les régiments, autrefois, changeaient souvent de garnison, comme on les prenait dans la garnison où siège le conseil, nombre d'officiers arrivaient à figurer dans les conseils, ce qui n'est plus aujourd'hui. Le Projet fait entrer maintenant au conseil tous les officiers et sous-officiers du ressort du conseil, les uns après les autres, indiqués sur un tableau général. Je crains fort que cela ne soit entouré de bien des difficultés, et que ces dérangements coûteux soient peu approuvés.

Comment admettre que, dans un corps hiérarchique, avec un cadre susceptible d'avancement, il n'y aura pas de grandes ambitions d'arriver aux hautes positions agrémentées de soldes avantageuses?

Je mets hors de doute l'honorabilité de ces nouveaux magistrats et ne la veux pas même effleurer, mais enfin il n'est pas possible d'admettre qu'ils offrent les mêmes garanties d'impartialité, de désintéressement, d'indépendance, que les membres actuels des parquets, sans ambition, sans espérance d'avenir.

Evidemment, le corps étant hiérarchisé, nombre de ceux qui le composent auront tout au moins le souci de plaire au chef direct et tout-puissant de la justice dans leur ressort, au commandant de la région, qui les notera, voire même, en certains cas, au ministre. Combien peu il y a d'hommes assez sûrs d'eux pour résister au désir d'avancer par quelques complaisances!

Je ne veux faire aucune citation d'exemple, persuadé que mes lecteurs les feront eux-mêmes. Il faut de l'indépendance, une indépendance absolue pour résister à des insinuations, des essais de pression, des injonctions même quelquefois, et s'en tenir au devoir strict, sans faiblesse.

Ce sera le défaut de la cuirasse d'un corps hiérarchisé, et sa science du droit ne compensera pas ce défaut.

J'ajoute qu'il y aura une carte à payer
et une grosse carte, car on ne peut espérer former un corps nouveau sans toucher la question budgétaire.

Le personnel actuel des parquets se
compose de 27 commissaires du gouvernement à 2.000 francs, de 2 commissaires
des conseils de revision à 2.400 francs,
de 27 rapporteurs à 1.500 francs. Au total, donc, le personnel d'officiers en retraite coûte 99.300 francs.

Calculez ce que coûteront 5 généraux,
10 colonels, 17 lieutenants-colonels, 18
chefs de bataillon, 9 capitaines, car ce
sera l'assimilation des commissaires inspecteurs, des commissaires du gouvernement et des rapporteurs, de deux classes
chacun.

Vous verrez qu'avec la solde seulement
de leur grade, sans accessoires, vous ar-
riverez à 450.000 francs, au moins. C'est
une grosse différence (1).

On a compris dans la hiérarchie un
grade des commissaires inspecteurs, cor-

---

(1) On a fait observer, et je m'empresse de
le reproduire, que le corps ne comporte pas
d'assimilation quoiqu'il bénéficie de la loi du
19 mai 1834 sur l'état des officiers et des lois
relatives aux pensions, limites d'âge, de retraite et durée des services obligatoires
pour passer d'un grade à l'autre. D'ailleurs,
ces chiffres donnés ici sont peut-être fantai-
sistes; le rapport dit que le cadre dépendra
des créations qui seront faites (?)

respondant les uns au général de brigade, probablement 3, et les autres au général de division, probablement 2, afin que dans le nouveau corps on puisse, dit le rapport, parvenir aux grades supérieurs de l'armée, comme dans l'intendance, le corps du contrôle et le service de santé.

Je m'abstiens sur ce sujet de toute critique; j'espère que l'arme tout entière les fera elle-même.

J'ai voulu établir jusqu'ici des appellations de comparaison avec ce qui existe : d'après le projet de loi, les magistrats militaires seront dénommés tous « conseillers de la justice militaire », avec hiérarchie propre « sans assimilation ».

Il y aura deux classes de conseillers inspecteurs et quatre classes de conseillers.

Je n'insiste pas.

XI

LE CODE MILITAIRE

Des idées théoriques sur les codes militaires

Il y a eu des jurisconsultes, et des mieux intentionnés, qui, par leurs positions antérieures, connaissaient bien l'armée et les conseils de guerre, qui eussent voulu deux codes, celui de la paix, celui de la guerre.

Comment! disaient-ils, vous déclarez vous-mêmes que, la guerre venant, on est presque toujours obligé de faire une loi martiale qui juge et exécute dans les vingt-quatre heures, et vous ne préféreriez pas à cette surprise un code fait d'avance et connu d'avance?

Le jour où le gouvernement lance le décret de mobilisation, c'est fini du code du temps de paix; les conseils permanents deviennent des cours martiales :

vous en faites aux armées, vous en faites à tous les détachements d'un certain effectif, et tout le monde le sait.

La mobilisation décidée, tous les gens, jusqu'à 45 ans, qui sont soldats d'obligation dans la réserve, dans la territoriale, dans les services auxiliaires, tous ceux enfin qui ont un livret militaire en mains liraient sur la première page : « Toute infraction qualifiée de crime ou délit sera jugée par une cour martiale. »

Voilà qui ferait de l'effet !

J'entends, ici, les philosophes de l'antimilitarisme : « C'est cruel, c'est barbare, c'est abominable ! »

Mais non, ce n'est pas abominable : c'est juste, c'est la manière d'éviter bien des calamités.

« Comment ! a dit un de ceux qui prônent ce système, vous sacrifiez des millions et des millions pour avoir une armée qui vous sauve, la guerre venant, et vous ne feriez pas le sacrifice de quelques existences pour sauver la discipline, qui vous paiera au centuple de vos dépenses ? »

Comment ! vous allez, pour enlever un champ de bataille et refouler vos ennemis, sacrifier des milliers et des milliers d'existences, et vous hésiteriez à retrancher quelques coupables ?

J'entends les objections : Vous allez avec vos conseils martiaux, aller très vite, supprimer les atténuations, répri-

mer sur-le-champ pour que l'exemple
soit productif, et, quand on va vite, on
risque de frapper des innocents.

C'est abominable peut-être, mais les
vrais soldats vous diront : « Qu'importe !
il faut l'exemple, et le châtiment d'un
innocent est moralement plus frappant
que celui du coupable. »

C'est le prince de Ligne qui a dit cela.

Et je crois qu'il a ajouté : « Si vous
agissez autrement, vous n'arrêterez jamais la contagion du mal. »

Je fais appel, voyons, ici, à tous ceux
qui ont fait campagne, qui se sont trouvés en Algérie, en Crimée, en Italie, au
Mexique et à l'invasion, dans les situations tendues et difficiles au point de vue
de la discipline. Il y en a encore qui ont
vu cela.

Est-ce que tous, tous sans exception,
n'ont pas trouvé que nous n'avions pas
entre les mains de moyens de répression
suffisants ?

La garde de police pour les contraventions au devoir ? Qu'est-ce que cela fait
aux mauvais sujets ? La prison où l'on
reste tranquille, sous la surveillance de
la gendarmerie, à attendre les réunions
du conseil qui vous condamnera peut-
être à prolonger cette prison, mais c'est
une veine, cela ! On est loin des avant-
postes, loin de son régiment, loin du feu.
C'est un moment d'accalmie et de tran-

quillité pour sa peau ! Combien pensent ainsi !

Lorsque j'étais appelé à appartenir souvent, par mon grade, à un conseil de guerre, je m'intéressais fort — non, je dois le dire, pour mon instruction personnelle de juge que je trouvais bien suffisante, mais par curiosité de chercheur — à lire tous les livres que je pouvais me procurer concernant la juridiction générale et la juridiction militaire en particulier.

Il en est un — je ne l'ai pas relu et je ne l'ai pas sous la main depuis bien des années — qui m'avait frappé, et c'est sur ces souvenirs que j'étaye ces quelques lignes. Il émanait d'un ancien officier devenu, par goût et par travail, avocat à la cour d'appel, et n'était pas tendre pour ceux qui parlaient d'apporter aux lois militaires des sensibleries.

Et il citait des exemples :

Vous faites conduire sur un territoire compris dans la zone des armées un convoi. L'escorte, chargé par un hourvari de cavaliers ennemis, s'enfuit et abandonne ses voitures en coupant les traits.

Conseil de guerre — abandon de son poste — art. 288 du Projet : deux à cinq ans de prison.

Est-ce une peine suffisante pour un crime de pareille gravité ?

Voyons, en conscience !

Cherchez dans le Code, et supposez les crimes les plus ordinaires :

Un ivrogne en campagne que vous ramassez dans un fossé ;

Un cavalier qui a rendu son cheval indisponible assez habilement pour que vous ne puissiez assurer sa culpabilité.

— Il va rester en arrière pendant que ses camarades feront de dangereuses pointes au milieu de l'ennemi ;

Le traînard qui reste en arrière sous un prétexte de malaise par exemple et trouve ainsi moyen de manquer au combat. — Il ne déserte pas : quelle peine lui infliger? Il n'était pas en présence de l'ennemi, on ne peut lui infliger la mort, d'autant qu'il a peut-être été souffrant en réalité. Que faire?

Le cri de « sauve-qui-peut », qui cause des paniques, peut amener de vrais désastres. — Comment le prévenir et comment le punir, si on est sûr de l'avoir entendu?

Un soldat a jeté ou dissipé ses munitions ou ses vivres. Le fait est constant. Peine de six mois ou deux ans de prison. — N'est-ce pas un moyen de se mettre à l'abri pour toute une campagne?

Et que d'autres qui pourraient être relevés! Ce sont des soldats qui se rendent malades pour entrer à l'ambulance, des insubordonnés qui désobéissent habilement en opposant une invincible inertie, sans opposer jamais le refus formel que veut naturellement le Code.

L'insoumission, que le Code punit en temps de guerre, dans le Code de 1857, de deux à cinq ans d'emprisonnement (et de la privation des droits électoraux en plus dans le Projet nouveau), paraît une punition énorme, et cependant que d'hommes seront insoumis? On les comptait, en 1870, pour le tiers au moins dans les appels de mobiles. Que sera-ce, aujourd'hui, avec l'énorme développement de l'armée?

Peut-être fera-t-on comme en 1870. Il y en aura tant qu'on fermera les yeux.

Du moment que la guerre est déclarée, pourquoi ne pas admettre que l'insoumission, une fois atteint le terme de la loi, c'est-à-dire le temps indiqué achevé, devient la désertion?

N'est-ce pas sensiblerie que d'avoir fait, la guerre venant, une distinction entre un corps mobilisé, un corps faisant partie des opérations, un corps stationné dans un territoire compris dans la zone des armées? Puisque l'armée est « mobilisée », partout où il y a des soldats on est en état de guerre devant l'ennemi. Il ne devrait — et c'est la conclusion de plusieurs jurisconsultes — n'y avoir plus que des « conseils de guerre » aux armées, c'est-à-dire ne frappant que de peines qu'on inflige devant l'ennemi. L'énergie manque à la loi, dit l'un d'eux.

Il ne suffit pas, dans une loi de guerre, de mettre les peines en rapport avec le délit. Il faut les mettre en rapport avec les conséquences du délit. Et, comme, sans ergoter sur les mots, les conséquences multipliées par le nombre des délits sont toujours grandes en mal, il faudrait que l'on posât en principe que, la mobilisation ordonnée, les lois de guerre seraient inexonérables, seraient immédiatement exécutées et le seraient d'une manière assez terrible pour que la crainte du châtiment eût des effets très grands.

Quelques mois de prison, quand on est en guerre, dit encore un jurisconsulte, « c'est une chance pour les poltrons d'éviter les balles de l'ennemi », une prime à l'indiscipline. « On souffre en campagne, on fatigue, on s'éreinte, on affronte à tout instant la mort. »

« Et ce n'est pas si facile qu'on voudrait bien le croire. »

Et ce sont les moments, dans la vie militaire, où l'on a les moindres moyens de répression. La consigne, la salle de police, la prison des règlements n'existent plus; on a, pour les remplacer, la garde du camp, qui est illusoire, et la prison, où l'on devrait être mis à part dans les marches, et dont on se moque.

Reste le conseil de guerre; mais on renonce à poursuivre. Il y a tant de cas d'indiscipline semi-flagrants que l'on ne suffirait pas aux jugements.

Et alors survient le remède des vrais jurisconsultes militaires : « l'inexorabi-

lité des peines, de façon à ce que l'exemple soit toujours frappant et émouvant
pour tous ».

Je ne saurais exprimer comme ce me
semble sinon nécessaire, du moins fort
utile, les idées que je viens d'essayer de
développer, avec la langue et les méthodes d'un jurisconsulte, et pour cause.
Mais j'ai la conviction que les lecteurs
sauront lire entre les lignes et démêler
le principe que l'on voudrait voir dominer dans une loi de guerre, qui semble
cependant, à moins qu'on ne soit un an-
timilitariste enragé, devoir reposer sur
la crainte d'un châtiment immédiat et
terrible. Avec les énormes aggloméra-
tions qu'amènera la guerre, il le faut,
sous peine d'impossibilités à les diriger.
Tout homme de réflexion approuvera cela, j'en suis sûr.

Mais, alors, me dira-t-on, puisque vous
voulez un code de guerre sans merci
pour les fautes, faites une antithèse; tenez compte de nos mœurs, de nos habitudes, de notre civilisation; ayez un code
de paix tempéré, bienveillant, peu me-
naçant, n'admettant que des peines bé-
nignes en rapport avec des délits et des
crimes de gens encore jeunes, appartenant à toutes les classes de la société,
n'ayant pas puisé dans le sein de la famille, non plus qu'au milieu de la société
où ils vivent les uns et les autres, des

sentiments bien vifs pour le métier militaire, qu'on admire beaucoup pour les autres, mais pas pour soi-même.

Il y a eu foule de théories sur ce code du temps de paix. Ceux qui savent un peu leur histoire se sont étayés sur les systèmes antérieurs.

« Aux tribunaux militaires, les délits militaires, quels qu'ils soient, même s'ils sont commis par des gens non militaires; aux tribunaux civils, tous les délits de droit commun, même s'ils sont commis par des militaires. » Cela couperait court à toute difficulté, disent-ils.

D'autres, ne s'occupant pas de la question historique, crient tout simplement à la sévérité, à la raideur de la justice militaire.

« On est injuste, vous disent-ils, en punissant un militaire pour une faute de droit commun plus sévèrement que s'il était civil. Les militaires n'entendent rien à doser les peines, à les proportionner; il n'y a que les magistrats civils qui sachent faire cela ! »

Tout cela n'est pas absolument vrai, parce que d'abord on pourrait renverser la phrase et crier à l'injustice si un civil est condamné plus sévèrement pour une faute qu'un militaire; parce que les juges militaires savent tout aussi bien doser les peines que les juges civils, et qu'il n'y a pas besoin d'études de droit pour les questions de bon sens, et qu'enfin, puisque vous sollicitez l'intervention des tribunaux civils, vous manquerez au premier des arguments de la justice, qui veut qu' « on ne soit jamais distrait, en matière de juridiction, de ses juges naturels ».

Juste ou injuste, vrai ou faux, c'est en s'étayant sur ce que la justice militaire ne doit être que « le complément de la justice civile » que le projet nouveau vous dit que les délits et crimes de droit commun seront du ressort des tribunaux civils toutes les fois qu'ils seront commis hors du service.

Ce n'est pas d'aujourd'hui que cela est discuté.

Déjà, quand on en a parlé, il y a longtemps, et qu'on y a fait l'objection qu'on allait ébranler la discipline en soustrayant les militaires à la juridiction de leurs chefs, il en est qui ont cru tourner la difficulté en répondant que rien n'empêchait de faire faire l'instruction par l'autorité militaire, laquelle livrerait ensuite le coupable à la justice civile pour le juger.

Il y avait tellement d'objections qu'on a reculé devant cette invention.

Que de discussions ont eu lieu, dont nous n'avons que les résumés !

Les vols, les abus de confiance, les détournements commis par des militaires sont, en somme, des crimes de droit commun. Quand on a objecté que, cependant, la vie commune leur donnait une gravité spéciale, il était impossible de dire non. On a tourné la difficulté en proposant tout simplement de donner à la loi civile un codicille qui les punirait plus sévèrement suivant les cas militaires.

Les militaires en congé, par exemple, a-t-on observé, sont justiciables des tribunaux ordinaires pour des délits non militaires : pourquoi ne pas étendre cela à tous les délits?

Les crimes et délits du titre IV du Code militaire sont, je l'ai fait remarquer, de deux catégories. On les a repris sous un autre jour pour dire : qu'il y en avait qui ne peuvent être commis que par des militaires; qu'il y en avait d'autres qui peuvent être commis par des militaires et des civils en complicité ; qu'il y en avait d'autres où les militaires peuvent ne pas participer; qu'il y en avait d'autres enfin où les civils ne peuvent pas participer.

Les crimes contre le devoir militaire ne peuvent être commis évidemment que par des militaires; la trahison, l'espionnage, la révolte et tant d'autres peuvent être commis de connivence entre des militaires et des civils. Les civils, vous dit-on, ne peuvent être mis, en aucun cas, pour la répression, sur le même pied que les militaires, pour lesquels il semble qu'en raison de leur situation la culpabilité est plus grande. Rien n'empêche cependant de mettre dans la loi, pour eux particulièrement, des peines atténuées.

De là à la revision complète du Code, il n'y a qu'un pas; mais il y en a plusieurs lorsqu'il s'agit de faire cette revision autrement qu'en s'appuyant sur des théories générales.

Le vol, l'abus de confiance, la vente d'effets militaires, d'armes, de munitions (qui est aussi un abus de confiance) sont, au sens strict du mot, des crimes de droit commun; cependant, il est impossible de ne pas admettre, quelque raisonnement qu'on fasse, que, commis par des militaires, chez eux, dans leur quartier, ces crimes ont un caractère spécial. D'autres, comme le pillage, le meurtre d'un habitant chez qui on est logé, l'espionnage, la trahison, et tant qu'il est inutile de citer, sont bien spéciaux, eux, à la loi militaire. Il faudrait, disent quelques-uns, spécifier alors des peines différentes si le vol est hors de la caserne, si c'est un autre militaire qui en est la victime; si la trahison se fait par un moyen détourné et n'est pas directe.

On voit où l'on irait avec un code à deux fins qui voudrait embrasser tant de cas différents.

Tout ce chapitre, que je pourrais allonger démesurément, n'est qu'une incidence glissée au milieu de ce travail

critique pour montrer où, depuis longtemps, on en voudrait venir, mais combien on est arrêté quand on passe de la
théorie à la pratique.

Je rappelle combien on a crié après la
loi de 1875, qui nous régit encore, et toutes les absurdités qu'on y a relevées.

Je désire vivement voir supprimer toutes ces lois parues depuis l'organisation
nouvelle de l'armée, lois qui sont toutes
ou presque toutes revêtues d'une couche
de sensiblerie. Elles sont surtout, ces
lois, faites en vue de la guerre, puisqu'elles s'adressent à la catégorie des militaires que la loi peut, du jour au lendemain, ramener sous les drapeaux, après
un temps plus ou moins long de vie civile.

Et l'on a eu le courage, en les émet-
tant, surtout celle de 1875, de dire qu'on
voulait la coordonner avec le Code militaire, afin « de maintenir dans sa force
le lien qui doit attacher à l'armée tous
les hommes du contingent demeurés ou
renvoyés dans leurs foyers ».

Or, par sensiblerie, au lieu de dire
tout simplement qu'on leur fera l'application du Code dans tel ou tel cas dé-
fini, on n'a rien de plus pressé que d'accorder les circonstances atténuantes à
tous les crimes et délits, en temps de
paix comme en temps de guerre, de tous
ceux qui ont moins de trois mois de
service, ou qui ont cessé le service actif
depuis plus de six mois.

Comment! s'écrie un de nos meilleurs jurisconsultes, « vous avez des hommes qui sont dans la même situation militaire, qui courent les mêmes dangers les uns et les autres, dont les crimes et délits ont les mêmes conséquences, et vous voulez établir des différences dans les pénalités !

» Une place ou un fort capitulent, une troupe se rend en rase campagne, et suivant que la troupe sera commandée par un officier de l'active, ou un réserviste, ou un territorial ayant quitté depuis plus de six mois l'activité, la peine sera différente ! On se bat; l'officier commandant, qui est de l'active, est tué; le commandement passe à un collègue de la territoriale ou de la réserve, et ce simple changement, s'il se commet le crime de capitulation, modifierait la responsabilité et diminuerait la pénalité !

» Que diable pourraient faire des juges et un président de conseil de guerre devant une pareille situation? Il faudrait un jour prononcer une peine pour l'un, le lendemain une pour l'autre, tout simplement à cause de la différence d'uniforme et pour des crimes identiques. »

J'ai choisi la capitulation pour mieux fixer les esprits; mais, du moment qu'on accorde, d'après la loi de 1875, les circonstances atténuantes aux uns et qu'on les refuse aux autres, vous voyez combien de cas bizarres on pourrait citer.

Le Code militaire en projet

L'exposé des motifs présenté aux Chambres en 1899 se termine, ainsi que je l'ai dit plus haut, par ces mots :

« Le gouvernement se prononce pour le retour pur et simple à l'application de la loi commune....., dont le principe, quoiqu'il ait été suspendu en fait dans son application, en raison de l'état de guerre permanent de la première République et de l'Empire, ne restait pas moins debout, incontesté. »

En conséquence, d'accord avec la commission, il propose de laisser à la juridiction militaire la connaissance :

« Des crimes et délits dans l'exécution du service ;

» Des voies de fait entre militaires de l'armée active.

» On ne peut contester que les faits de cette nature, même en dehors des cas spécialement visés par le Code de justice militaire, n'intéressent au plus haut degré la discipline dont les chefs et les tribunaux militaires sont constitués les gardiens. »

J'ai déjà discuté ce que ces idées avaient d'un peu creux. Cet exposé de principes, qui fait table rase des conflits, des longueurs de la prévention, des diminutions possibles de pression de la discipline, ne laisse pas de présenter quelques bizarreries.

Baser sur cela un nouveau code militaire paraissait tout au moins difficile, et beaucoup de nos semi-jurisconsultes militaires — car il y en a quelques-uns dans le tas — pensaient qu'on hésiterait à se lancer, sur ces phrases-là, à la refonte du Code.

Tout, je suppose, devrait être prêt, car le Projet de nouveau code a suivi de très près l'exposé des motifs.

Ce nouveau code, presque tous les membres de nos parquets militaires le sollicitaient, surtout parce qu'ils s'inquiétaient de l'insuffisance de celui de 1857 au moment de la mobilisation, pour laquelle on n'avait rien prévu, et pour le temps de guerre, auquel il fallait des modifications dans un sens plus sévère, afin de ne pas arriver, comme il y a trente ans, à reconnaître l'insuffisance du Code, les défauts de la procédure, et ne pas être amenés à l'obligation de créer des cours martiales, dont l'excessive rigueur lasse bientôt ceux mêmes qui sont chargés de les faire fonctionner.

Les tendances du projet de loi que je viens d'examiner étaient un peu à l'inverse de ce que désiraient les militaires.

Or, quand il s'est agi de refondre le Code, on a senti combien tout se tient dans ces questions. On était parti animé de trésors d'indulgence, et puis on s'est rendu compte du vide qu'il y avait dans la phrase du début, que le changement des mœurs et de l'esprit public devait amener des changements dans les rigueurs. En fait, et à une première lecture, on voit que le comité a été amené — et d'aucuns croient que de vifs débats s'engageront sur ce point lors de la discussion de la loi — à maintenir presque intégralement les pénalités en vigueur, alors que tout le monde pensait les voir reviser dans le sens d'abaissement.

Très peu de différences, qu'il est à peine utile de noter.

On a abaissé le minimum de la peine applicable au sommeil de la sentinelle en temps de paix. C'était bien inutile; je n'ai jamais vu punir pour cela que disciplinairement. On a puni conformément aux lois ordinaires les voies de fait et outrages envers un supérieur si l'inculpé a agi sans reconnaître ce supérieur: c'est bien peu de chose. On a abaissé le minimum de pénalité de la vente et mise en gage des effets de petit équipement, de la dévastation d'édifices militaires.

Bref, partant de ce qu'on n'hésitait pas à inscrire dans le nouveau Code l'application de la loi de sursis à tous les délits de droit commun, qu'on examinait même si l'on ne pourrait en étendre le bénéfice aux délits et crimes spécialement réprimés par le Code militaire, partant de ce qu'on admettait en grand les circonstances atténuantes, de ce que l'on n'avait pas à traiter, pour les militaires, de la récidive, puisqu'ils échappent à cette pénalité, de ce qu'on pouvait faire adopter en partie les questions de libération conditionnelle, de réhabilitation de droit et de casier judiciaire, on avait peu de chose à faire pour sembler verser dans l'indulgence absolue.

Déjà, ainsi que le dit le Projet de modifications, « les gouvernements précédents avaient fait participer les justiciables des tribunaux militaires à quelques modifications introduites dans la législation criminelle, entre autres celle de la loi du 8 décembre 1897, correspondant à celle du 15 juin de la même année, portant, dit le rapport, la préoccupation constante des législateurs de multiplier les garanties accordées à la défense ».

Il s'agit là non seulement de l'autorisation que donne l'article 136 du Projet de code au défenseur de communiquer avec l'inculpé, mais de la présence de ce défenseur à l'instruction de l'affaire.

En théorie, cela est parfait. On va voir ce que c'est en pratique.

La mesure est évidemment trop récente pour qu'on puisse dire avec certitude si elle a de grands avantages pour les prévenus, mais ce que le peu d'expérience déjà faite permet de dire, c'est que, jusqu'ici, c'est un peu un trompe-l'œil.

· Il n'y a guère, en effet, que les pré-

venus ayant les moyens de payer un avocat qui en usent et en peuvent bénéficier.

Pour les autres, les défenseurs sont
bien convoqués en temps voulu, conformément aux prescriptions de la loi,
quand les prévenus demandent l'assistance d'un conseil, mais le plus souvent
le défenseur s'abstient.

Les avocats d'office viennent peu ou
prou à l'instruction, et on ne peut le reprocher à des personnes désignées à tour
de rôle par le bâtonnier et qui se dépla-
cent sans rétribution.

Presque tous les défenseurs sont de
jeunes avocats ayant emploi dans des
études d'avoué, de notaire, d'avocat con-
sultant, dont ils sont ou clercs ou secré-
taires. Aucun de ces « patrons » ne sup-
porterait sans se plaindre que ces em-
ployés, dont ils ont besoin et qu'ils
paient, abandonnât comme cela son travail journalier pour aller, au greffe militaire ou civil, prêter assistance aux
prévenus militaires. Ils l'admettent pour
les jours d'audience, et c'est tout.

En pratique donc, il n'y a que les prévenus ayant de l'argent qui peuvent s'offrir le luxe d'un avocat pendant l'instruction, et je ne pense pas que ce soit
l'esprit de la loi.

J'ajoute qu'en ce qui nous concerne,
dans l'armée, l'application de cette loi
de l'instruction a l'inconvénient, avec
tous ses délais de convocation des avo-

cats au début de l'instruction, pendant et en clôture, d'allonger dans une certaine mesure la prévention, ce .qui est mauvais, quoiqu'on ait pu écrire « que la rapidité de l'exécution n'a aucun intérêt réel dans le plus grand nombre des cas ».

Code de 1857 et Projet de code nouveau
Examen des différences de peines

J'établis ce tableau pour faire ressortir qu'en dépit des idées qu'avaient même les auteur du Projet au sujet des sévérités « exagérées » de la loi militaire, ils ont dû, en quelque sorte malgré eux, maintenir presque intégralement les pénalités en vigueur.

Le sens de l'indulgence n'a pu prévaloir, étant donné que, malgré tout ce qu'on pourra dire, on se trouve en face d'une société spéciale, l'armée, et conséquemment d'une juridiction qui ne peut être que spéciale. Je me suis déjà appesanti sur ce sujet.

Dans le Code de 1857, comme dans celui déposé en projet, c'est le livre IV qui comprend la partie principale, traitant des crimes, délits et peines.

Le titre I, traitant des peines et de leurs effets, est à très peu près le même. Les peines appliquées sont les mêmes : mort, travaux forcés, déportation, détention, réclusion, bannissement, dégradation, destitution, travaux publics, emprisonnement, amende. Aucun changement.

Le titre II : crimes, délits et leur punition, est à très peu près le même dans ses divisions. Le Projet de code a douze chapitres au lieu des onze du Code, un court chapitre, le neuvième, comprenant deux articles, y ayant été ajouté sous le titre : « Infraction à la loi des réquisitions. »

Chapitre I : trahison, espionnage, embauchage. — Tous les articles de ce chapitre sont punis de mort dans l'un et l'autre code, sans exception.

Chapitre II : crimes et délits contre le devoir militaire. — Les peines, dans ce chapitre, s'échelonnent de la mort à l'emprisonnement, suivant les cas et avec les mêmes fixations, sauf que le Projet de code punit de un à six mois d'emprisonnement le factionnaire trouvé endormi, alors que le Code de 1857 disait de deux à six.

Chapitre III : révolte, insubordination, rébellion. — L'échelle des peines, dans ce chapitre, est celle de la mort à l'emprisonnement, aussi bien dans le Projet que dans le Code de 1857. Ils sont à très peu près semblables. Le Projet est même plus sévère en ce qui concerne les violences envers une sentinelle, commises par plusieurs personnes :

si, parmi ces personnes, se trouve un officier, il est puni de deux à cinq ans d'emprisonnement d'après le Projet au lieu de un à cinq ans d'après le Code en usage.

Dans ce chapitre, le Projet a ajouté des paragraphes pour les voies de fait, les cas de diffamation et d'injures, l'outrage au drapeau et la pénalité d'hommes en congé ou en réserve qu'on trouverait dans une réunion revêtus de leur uniforme. Ce sont là différences justifiées. Le Projet renvoie pour l'application des peines au Code pénal ordinaire. Ce ne sont donc que des augmentations de paragraphes qui ne changent rien aux pénalités habituelles.

Chapitre IV : abus d'autorité. — Le chapitre du Code de 1857 et celui du Projet sont semblables en ce qui concerne les pénalités, échelonnées de la mort à la prison, suivant les cas. On a ajouté dans le Code l'outrage par paroles, gestes, écrits d'un supérieur envers son inférieur (en le punissant des lois ordinaires).

Chapitre V : insoumission, désertion. — Le paragraphe de l'insoumission a naturellement été mis d'accord avec la loi de recrutement. On a fixé de un mois à un an la peine d'insoumission en temps de paix; la peine de deux à cinq ans de prison que prononçait le Code de 1857 a été appliquée seulement au temps de guerre ou aux insoumis qui, ayant touché une prime, ne se présenteraient pas dans les délais fixés. (On a ajouté à cette peine la « privation des droits électoraux ».)

En ce qui concerne la désertion, les chapitres du Code de 1857 ont été reproduits dans le Projet avec les mêmes peines.

Les parquets eussent désiré voir ajouter la pénalité du recel des déserteurs et celle du recel des insoumis. Ce dernier avait été prévu par la loi du 27 juillet 1872.

Chapitre VI : vente, détournement, mise en gage, recel d'effets militaires. — Le Projet de code diminue d'une façon insignifiante le minimum de la peine d'emprisonnement : six mois, au lieu de un an, pour la vente; deux mois, au lieu de six, pour la mise en gage.

Chapitre VII : vol. — Il n'est rien changé à la pénalité. Travaux forcés et réclusion pour le vol d'objets militaires; réclusion pour vol chez son hôte.

Chapitre VIII : pillage, destruction, dévastation. — Ce chapitre a été à peu près copié in extenso. On a ajouté, dans le Projet, la pénalité des travaux publics et de l'emprisonnement pour menaces suivies de voies de fait chez son hôte.

Les chapitres X (faux en matière d'administration), XI (corruption, prévarication et infidélité dans le service et l'administration) et XII (usurpation d'uniformes et d'insignes) correspondent en entier aux chapitres IX, X, XI du Code de 1857, avec les mêmes pénalités.

Quelques paragraphes ont été ajoutés, mais sont de simples variantes à des choses déjà établies : peines du Code pénal ordinaire pour fabrication d'une fausse feuille de route, d'une fausse permission, d'un faux certificat de bonne conduite, d'un faux certificat de maladie ou d'infirmité.

Enfin, le chapitre relatif à l'usurpation d'uniformes et d'insignes a vu augmenter, au contraire, le minimum de la peine, lequel est de six mois de prison dans le Projet au lieu de deux mois dans le Code de 1857.

Ce parallèle, ou plutôt ce résumé de parallèle, porte en lui-même son enseignement. On me répondra qu'on a maintenant, pour tempérer à cela, l'adoption des circonstances atténuantes dans de grandes proportions développées aux articles 268 et 269 du Projet, et que, par conséquent, il n'y avait pas à se préoccuper de la sévérité des peines maxima.

Alors, on ne voit pas la nécessité d'un nouveau code; il n'y avait qu'à lui donner, par des articles supplémentaires, l'élasticité qui convenait à certains es-

prits. C'est donc avec raison que l'on a
pu dire que ce n'était pas au Code lui-
même qu'on voulait toucher, mais à la
procédure de ce code, et de là à faire toutes suppositions il n'y a qu'un pas.

Je n'ai pas, on le pense bien, abordé
un pareil travail critique sans avoir lu
à peu près tous les articles qui ont été
écrits sur le sujet du Code militaire, aussi bien ceux des admirateurs à outrance
du projet déposé que ceux des intransigeants sur la question de changement.
Je suis forcé de déclarer, en élaguant,
bien entendu, tout ce qui, pour beaucoup
des auteurs de ces articles, confine à la
politique, que c'est du côté de la conser-
vation des choses établies depuis plus de
50 ans qu'il faut s'en tenir, avec les améliorations désirables, s'entend.

Un des officiers qui m'ont paru cependant le plus disposés à voir adopter
de grosses réformes est obligé de dire
que, « en même temps qu'on cherche
à relâcher les liens de la société civile,
on semble vouloir desserrer le nœud qui
donne la force à la discipline militaire.

» Certes, ajoute-til, il manque à la justice militaire le principe sur lequel on
a, pour son indépendance, constitué la
justice civile, l'inamovibilité du magis-

trat, mais du moins, telle qu'elle est, présente-t-elle un ensemble de dispositions qui la préservent de l'arbitraire et assurent l'impartialité de ses jugements.

» La juridiction militaire est, du reste, soumise à des règles en harmonie avec les autres institutions régissant l'armée.»

Je cite volontiers ces quelques mots parce qu'ils sont suivis de tout un ensemble d'indications qui ont, j'en ai la conviction, servi de base aux projets dont je voulais faire la discussion ici.

C'est ainsi que l'on ajoute aux phrases que je viens de citer :

« La stabilité du fonctionnement de notre justice militaire depuis 1857 peut être invoquée en faveur de la législation en usage, mais on ne saurait le faire valoir pour justifier en tous points l'état de choses actuel. Les changements apportés depuis à notre constitution politique et sociale, ainsi que dans l'esprit public et les mœurs, les réformes dans l'ordre judiciaire civil, la réorganisation de l'armée sur des bases nouvelles, suffisent à indiquer qu'il y a matière à examen et modification dans les dispositions de notre Code militaire. »

C'est à très peu près par un exposé semblable que commence le projet de réforme déposé par les 71 députés.

Pour un autre officier général, toutes les idées de modification sont condam-

nables, non pour elles-mêmes, mais à
cause de l'esprit qui les dicte.

« Il n'y a aucune illusion à se faire,
écrit-il, ces projets sont la conséquence
indéniable d'un plan imaginé en certains milieux sociaux pour désorganiser
notre vieille armée nationale et la transformer en milices cantonales sans force
et sans esprit militaire. »

C'est entre ces deux courants contrai-
res que j'ai cherché à étayer la discussion, d'autant que, connaissant maintenant le Projet par cœur, je conviens assez
volontiers qu'il n'est pas destructif dans
le sens absolu du mot, mais qu'il ne présente, au point de vue de l'amélioration
désirée, aucune utilité réelle.

Le grand dada des intransigeants qui
se contentent d'avoir, en parlant de la
justice militaire, des formes polies, est
de les considérer comme une juridiction
« exceptionnelle »; ceux-là non plus ne
peuvent être suivis dans leurs raisonnements, parce qu'ils partent d'une base
fausse, car « exceptionnel », en matière
de justice, correspond à « arbitraire »,
et rien n'est moins arbitraire que la
justice militaire. Elle est particulière à
l'armée, c'est certain; mais elle n'est que
le prolongement utile de la justice civile, et je crois me souvenir que quelqu'un
de très entendu sur la matière a dit très

bien : « son auxiliaire chez tous les peuples qui ont une force armée ».

Tout d'abord, je dois dire que la création d'un corps judiciaire militaire a été demandée, il y a longtemps déjà, par des militaires. Ils allaient même au delà des projets de ce jour, puisqu'ils voulaient faire entrer dans ce corps un certain nombre de magistrats civils appelés à faire partie des tribunaux militaires comme juges. Pourquoi?

J'admettrais le désir de voir des commissaires du gouvernement et des rapporteurs possédant une science juridique supérieure—mais des juges?— et je comprends jusqu'à un certain point, sans y beaucoup croire, que l'on nous dise « que la science professionnelle et la connaissance des lois vaut bien mieux que la pratique plus ou moins intelligente et routinière de règles courantes ».

Qu'on exige, si on le veut, plus de science pour les membres du parquet, mais, pour les juges, ce me semble absolument inutile. Je suis aussi peu enclin à discuter de l'intrusion de la cour de cassation dans les décisions de recours contre les conseils de guerre, en temps de paix; mais je suis de l'avis de ceux qui ne l'admettent que si on adjoint des militaires à la chambre criminelle pour tempérer ses décisions, pour faire sentir que l'on tient à conserver à la jurisprudence militaire un caractère spécial. Et j'ajoute que, si on fait cela sous le simple prétexte « que la cour de cassation est le tribunal de tous les pourvois quels qu'ils soient », mieux vaut encore conserver le conseil de revision d'aujourd'hui, avec un commissaire du gouvernement et un rapporteur « améliorés ».

La création de commissions d'accusation, par analogie avec la jurisprudence civile, commissions auxquelles tout le monde peut s'adresser, les défenseurs, les rapporteurs, les commissaires du gouvernement, les inculpés, est, je l'ai dit, une superfétation, une procédure de « chicane et de paperasserie » rendant possible des jugements sans jugements au moment où tout le monde sollicite les choses expéditives.

Nombre de gens ont pris la plume pour relever dans le Projet de code une suite d'observations de détail. Il serait trop long de les résumer ici, et puis les avis sont si souvent partagés sur le plus ou moins d'opportunité de telle ou telle mesure qu'on ne sait comment éclairer la discussion, d'autant qu'on en profite pour faire une série de propositions le plus souvent fort à côté du projet.

On a été jusqu'à proposer, par analogie, a-t-on dit, avec ce qui se fait en Amérique, et pour se rapprocher, puisqu'on y tient tant, des formes de la juridiction civile, de remplacer les conseils de guerre par des « tribunaux militaires correctionnels » siégeant, par exemple, dans les chefs-lieux de corps d'armée, qui jugeraient les délits entraînant des peines sans gravité trop grande, et des « cours d'assises militaires » réparties sur le territoire, jugeant, celles-là, les crimes entraînant la rigueur des lois, et, pour prévenir certaines objections, il y aurait dans chaque garnison une sorte de « conseil » où toutes les armes seraient représentées et qui connaîtrait de toutes les fautes demandant une répression immédiate.

Tout cela sort de mon sujet, et je n'en parle que pour indiquer l'état d'esprit de ceux qui sont un peu aveuglés par le désir de la nouveauté qu'ils croient être le progrès.

Le projet de code militaire discuté.

J'avais projeté, je le déclare, de m'en tenir aux généralités dans la critique de ces prémisses de « chambardement ». Je ne le puis; le sujet est tellement grave que j'essaie de pousser la chose à fond, en prenant pied à pied le nouveau Code militaire.

« Les désordres et les crimes que vous ne pouvez prévenir, punissez-les d'abord sérieusement. C'est une clémence de faire d'abord des exemples qui arrêtent le cours de l'iniquité. Pour un peu de sang répandu à propos, on en épargne beaucoup et on se met en état d'être craint sans user de beaucoup de rigueur. »

Il est dommage que cette parole soit de Fénélon, parce que les intransigeants peuvent, à ce nom, hausser les épaules et dénier son droit. Je la prends cependant pour épigraphe de ce chapitre; aussi bien répond-elle, quoique émanant d'un homme d'église, à l'esprit qui doit dominer dans les questions de justice et surtout de justice militaire.

Elle répond en partie à ce besoin qu'éprouvent un tas de gens de crier que « le Code militaire est par trop sévère ».

C'est un peu ce que veulent dire les promoteurs du Projet de loi sur le fonctionnement de la justice :

« Toutes les lois votées dans ces dernières années, disent-ils, portent l'empreinte d'un besoin inné de bienveillance, toutes accusent la préoccupation du législateur de multiplier les garanties de la défense, d'atténuer les rigueurs de l'instruction et de la détention préventive, de donner aux juges les moyens d'user d'une plus large indulgence à l'égard des simples égarés; d'une rigueur plus grande à l'égard des pervertis; de favoriser l'amendement des coupables par des atténuations de peine accordées au repentir et à la bonne conduite. »

La justice militaire, vous dit-on, ne pouvait rester étrangère à ce mouvement, immuable dans ses règles, inflexible dans leur application. Étant donné

que l'armée se confond de plus en plus
avec la nation, ce serait se faire illusion
que de prétendre élever entre la législation
civile et la législation militaire
une cloison impénétrable.

Admettons cela, admettons toutes les
modifications du Code militaire qu'il
semblera utile pour se mettre au niveau
de la juridiction civile, mais en quoi ces
juridictions peuvent-elles se ressembler ?
On semble oublier, en tout cela, le mot
connu du maréchal Bugeaud, qui n'était
pas suspect, celui-là, d'antilibéralisme, et
qui disait : « Dans la paix, on perd de
vue les exigences de la guerre. » Il a dit
cela à propos d'un projet de justice militaire.
Eh bien, c'est en vue de ces exigences
que les militaires, d'accord en cela avec
les auteurs du Projet de justice, disaient
très volontiers « qu'une réforme radicale
s'impose », mais pas dans le sens des auteurs
du Projet; au contraire, dans le
sens qu'il y a des trous à remplir dans
le Code, trous amenés par la nouvelle
composition de l'armée. Ce qui nous importe
surtout, à nous autres soldats, c'est
de trouver dans les lois militaires un
bon appui en cas de mobilisation. C'est
là que nous ne voudrions pas de sensibleries,
pas de lenteurs, surtout, qui favorisent
les lâches, auxquels tous les moyens
sont bons pour se soustraire aux
exigences de la défense de la patrie.

Admettons, quoique je n'y croie guère,
que le Code de 1857 soit parfois sévère.
Est-ce que l'application de cette sévérité
n'est pas bien compensée, tempérée, par
la faculté qu'ont les conseils d'accorder
des circonstances atténuantes ou de considérer comme acquittés ceux que trois
voix contre sept déclarent non coupables ?
N'est-ce pas là une belle marge pour les
conseils de guerre et pour le prononcé
des peines qui peuvent paraître trop for-
tes ?

La grosse affaire, celle à laquelle on
veut aboutir quand même, est le rattachement à la juridiction ordinaire des
crimes et délits de droit commun.

Article 3 du Projet :

« Dans les circonscriptions territoriales, en temps de paix, la justice militaire
n'est, sauf les cas de complicité (1), com-
pétente qu'à l'égard des militaires et assimilés, et sa compétence est réduite aux
crimes et délits prévus dans l'énumération du Code (2) et aux crimes et délits

---

(1) En cas de complicité, les tribunaux
militaires sont compétents pour tout crime,
délit ou contravention, même si, parmi les
auteurs militaires ou assimilés, il en est qui
ne seraient pas justiciables du conseil de
guerre au moment de l'acte. Ils sont compétents si les auteurs sont justiciables des tribunaux maritimes et des conseils de guerre.
(Art. 95, 96, 97.)
(2) L'énumération du Code, en ce qui con-

de droit commun commis dans l'exécution du service militaire. »

Consultez tel militaire qu'il vous plaira connaissant le service de la juridiction militaire et des parquets; il vous dira : C'est un tort, un tort énorme, parce que la répression ne sera jamais assez prompte; qu'elle n'arrivera que longtemps après le délit ou le crime; qu'enfin, pendant que durera l'instruction, l'inculpé sera déplacé, séparé de l'armée, enfermé dans la prison civile en contact avec des prévenus non militaires de tout genre. Jamais, au grand jamais, on ne fera croire à personne que la discipline et l'esprit militaire n'ont pas à y perdre.

---

cerne les crimes, délits et leur punition est fort longue et comprend 73 articles qui s'appliquent nécessairement, autant que se peut, à toutes les circonstances, temps de paix, temps de guerre, avec les situations que ce temps de guerre peut amener.

Dans certains cas, le Code militaire renvoie au Code pénal ordinaire ou à la loi du 29 juillet 1881, pour ce qui concerne, par exemple, les cas de diffamation et d'injures, le vol, le faux en matière d'administration militaire.

Lorsqu'il s'agit d'infractions à la loi sur les réquisitions militaires, le Code renvoie à la loi du 3 juillet 1877.

Il renvoie, pour les retards non justifiés d'une convocation aux hommes des catégories de réserve, aux lois du 15 juillet 1889 et du 19 juillet 1892.

Discussion de quelques articles de la loi ou projet et de la loi du 19 juillet 1901 qui en donne les prémisses.

Article 62. — Sont justiciables des conseils de guerre permanents tous les crimes et délits mentionnés au titre II du livre IV, tous les crimes et délits commis dans l'exécution du service.

(Ceci s'applique à diverses categories de militaires dont on donne à très peu près la nomenclature au susdit article et aux suivants.)

Il faut donc se reporter au titre II du livre IV.

Ce titre II comprend :

Chapitre Ier : la trahison, l'espionnage, l'embauchage ;

Chapitre II : les crimes et délits contre le devoir militaire ;

Chapitre III : la révolte, l'insubordination, la rébellion ;

Chapitre IV : l'abus d'autorité ;

Chapitre V : l'insoumission et la désertion ;

Chapitre VI : la vente, le détournement, la mise en gage et le recel d'effets militaires ;

Chapitre VII : le vol ;

Chapitre VIII : le pillage, la destruction, la dévastation d'édifice ;

Chapitre IX : les infractions à la loi sur les réquisitions ;

Chapitre X : les faux en matière d'administration militaire ;

Chapitre XI : la corruption, prévarication, infidélité dans le service de l'administration militaire.

Mais là où sera la difficulté, où il faudra bien s'entendre, c'est dans les « crimes et délits commis dans l'exécution du service ».

Déjà cela a été discuté dans certains parquets et trouvé bien vague.

Le vol que commettra un militaire au préjudice d'un autre militaire sera-t-il compris parmi les crimes de droit commun ? Et cependant, les injures, les voies de fait, les menaces d'un militaide, qui peut ou être encore sous les drapeaux, ou être libéré, hier, envers ses supérieurs, et qui, si elles ne sont pas dans le service à proprement parler, sont à propos du service, où les classera-t-on ?

Et bien d'autres choses.

En résumé, si on y réfléchit bien, on pourrait se demander pourquoi, pour si peu de chose, voulant créer des magistrats particuliers qui vont transformer du tout au tout le système de procédure, on a été s'embarrasser de cette dualité de répression civile et militaire, quand on est sûr d'avance que ses effets, au point de vue de la discipline, ne peuvent être que très inférieurs aux moyens essentiellement militaires et qu'on créera, quoi qu'on fasse, avec ce mot de « crimes et délits de droit commun », des difficultés d'appréciation.

Je ne voudrais, pour rien, parler ici politique, mais je suis à me demander, à voir l'ardeur de certaines personnes et l'aigreur de certaine presse, si réellement cette réforme du Code militaire n'est pas un coup monté par un parti pour avoir une nouvelle mainmise sur l'armée ou tout au moins pour l'essayer.

Ne touchez pas directement, comme vous le voulez faire, à notre Code militaire, pas plus qu'à aucun autre ; améliorez, mais évitez les changements, parce qu'une chose, même minime, entraîne une série de difficultés qui deviennent insolubles. Il est bon, quand on émet des idées aussi intransigeantes pour les amateurs de ce qui semble être le progrès d'étayer d'exemples, et j'en choisis un, au hasard, qui me tombe sous les yeux : le vol militaire.

Le 19 juillet 1901 a paru la loi sur les circonstances atténuantes appliquées au Code militaire de 1857, disant :

« Article 1er. Tous les tribunaux, tant de l'armée de terre que de l'armée de mer, pourront, à l'avenir, mais seulement en temps de paix, admettre des circonstances atténuantes en faveur des inculpés des crimes et délits pour lesquels le Code de justice militaire, la loi du 15 juillet 1889 et celle du 24 décembre 1896 sur les inscriptions maritimes ne les prévoient pas. »

Voyez les conséquences d'une loi ainsi libellée :

Les articles 248 (vol), 250 (pillage et dévastation), 251 (incendie volontaire), 252 (destruction d'édifice), 254 (bris d'arme), 255 (destruction de registres de comptabilité), 257 (faux), 263 (soustraction de pièces publiques), 265 (falsification) du Code en usage admettent les circonstances atténuantes ; les dispositions de la loi du 19 juillet ne leur sont pas applicables.

Il en résulte cette bizarrerie, certainement imprévue par ses auteurs, c'est que tous les crimes et délits pour lesquels le Code, reconnaissant la possibilité de circonstances atténuantes, admettait un adoucissement utile, nécessaire aux dures pénalités qu'il prononçait, sont maintenant ceux qui sont réprimés avec le plus de sévérité, par suite de la limitation qu'avait faite le Code du taux des circonstances atténuantes.

Ce Code avait certainement, pour toutes les fautes atténuables, fixé des peines réduites par rapport à la peine principale, mais ces peines réduites restent toujours supérieures à celles qu'on peut appliquer maintenant à tous crimes et délits que, lors de sa promulgation, il déclarait implicitement ne mériter aucune

pitié et devant avoir la rigueur absolue
de ses pénalités.

Le vol (article 248) obtient des circonstances atténuantes du Code. Il peut,
si ces circonstances sont accordées, descendre de la réclusion à l'emprisonnement de un à cinq ans.

Donc, quelque chose que vous fassiez,
quelque petit que soit le vol, quelques
circonstances qui l'aient accompagné, un
an de prison est un minimum.

« Est puni des travaux forcés à temps
(article 251), si l'on reconnaît des circonstances atténuantes, tout militaire
qui, par un moyen de mine ou d'incendie, détruit des bâtiments à l'usage de
l'armée.

» Est puni de 2 ans à 5 ans d'emprisonnement (ou de réclusion) (article
252) tout militaire qui, par un moyen
quelconque autre que la mine ou l'incendie, détruit des bâtiments à l'usage de
l'armée. »

Voilà donc le minimum : travaux
forcés, deux ans de prison.

Prenons l'article 253 : « Est puni de
la détention si le crime n'a pas eu lieu
en présence de l'ennemi, tout militaire
qui détruit volontairement des moyens
de défense, du matériel, des approvision-
nements militaires. »

Là, le Code ne voulait pas de circonstances atténuantes, trouvant le crime
abominable. La loi du 19 juillet venant

à les accorder, on pourrait, pour ce crime, ni plus ni moins grave que les précédents, descendre à un jour de prison.

Et, si je suivais dans le Code, je mon-
trerais :

L'article 258 punissant de deux à cinq
ans de prison les comptables se servant
sciemment de faux poids ;

L'article 259 punissant de la réclusion
tout individu militaire qui contreferait
les sceaux, les timbres, les marques sur
les effets ou sur les papiers ;

L'article 260 punissant de la dégradation tout individu se servant de timbres,
sceaux et marques officiels pour un usage
frauduleux.

Tous privés, de par le Code, de circonstances atténuantes et qui, les acqué-
rant de par la loi du 19 juillet, deviennent susceptibles d'être punis de peines
dérisoires, alors que le vol simple, bien
moins grave, souvent insignifiant, n'est
pas réprimé par moins d'un an de prison.

On va me dire que je fais précisément
ressortir la nécessité d'un code nouveau,
mais là je me récuse, parce que j'estime
qu'il était très simple de dire, le 19 juillet 1901, que, puisqu'on admettait le
relâchement des peines d'une façon générale, pour les circonstances de paix,
les circonstances atténuantes pourraient
être appliquées à tous les articles du Code militaire, sans exception.

On voit les résultats singuliers que

peuvent avoir les oublis du genre de ceux que je relève.

Gardons donc notre Code et améliorons-le. Ceux qui le pratiquent journellement, quelque peu de valeur que vous leur accordiez, sont mieux à même que personne d'indiquer ces améliorations.

Discussion de quelques articles du Projet.

Je n'ai pas sous la main assez d'annotations pour pouvoir prendre article par article les numéros du Projet de code militaire et relever dans chacun ce qui semble discutable; ce n'est, du reste, pas le but.

C'est aux rapporteurs des conseils, aux commissaires du gouvernement, qui étudient chaque jour le Code, à faire ce travail.

Je ne relève que quelques particularités.

Les articles 132, 133, 134, relatifs à la mise en liberté provisoire des inculpés, sont bien diffus, et la mise à exécution est bien dangereuse.

Que de lenteurs, tout d'abord, entraînera cette mesure si l'inculpé, dans le cas où cette liberté provisoire lui est refusée, demande à se pourvoir devant la commission d'accusation !

C'est une mesure libérale sans doute, mais qui, pour les militaires sous les drapeaux, trouvera bien rarement son application. On se rend très bien compte qu'elle ne trouvera cet emploi que pour les insoumis de la réserve ou de l'armée territoriale ayant un domicile. Pour les autres, ce serait une prime à la fugue, et on l'a si bien compris qu'on a fait l'article 135, qui arrête dans l'œuf toute velléité de se soustraire à la justice.

Il est au chapitre III (révolte, insubordination, rébellion) toute une série d'articles sur lesquels il faut, ce me semble, appeler l'attention.

Ils ont trait aux voies de fait dans le service et hors du service, aux outrages par paroles ou gestes, menaces ou écrits, dans le service et hors du service, « envers un supérieur en rang, en grade ou en commandement », et aux voies de fait ou outrages par paroles, gestes, menaces ou écrits, dans le service ou hors du service, « envers un militaire égal en grade ou en rang ».

A ces motifs, on a ajouté les cas de diffamation et d'injures d'un inférieur à un supérieur, d'un égal à égal.

Ce sont les articles 296, 297, 298, 299 et 302 du Projet.

En théorie, tous ces articles, qui développent les peines les plus graves du Code militaire, car il s'agit : de la mort à l'article 296 et 297; de la mort, de la destitution avec emprisonnement ou de cinq à dix ans de travaux publics à l'article 298; de la destitution avec emprisonnement ou de cinq à dix ans de travaux publics, ou de un à cinq ans de prison à l'article 299, tous ces articles, dis-je, semblent très acceptables; mais, en pratique, ils ne paraissent pas avoir été fort étudiés dans leur énoncé de « supérieur en grade, en rang, en commandement ».

Ce sera très bien quand le fait sera imputable à un homme de troupe, soldat ou sous-officier, vis-à-vis d'un supérieur assimilé aux officiers.

Mais ce sera bien délicat quand il s'agira d'un officier vis-à-vis d'un assimilé.

La comparution d'un capitaine, par exemple, devant un conseil de guerre, parce qu'il aura montré de l'humeur et se sera oublié vis-à-vis du médecin du corps ou d'un officier d'administration de rang supérieur jusqu'à quelque épithète mal sonnante ne sera pas sans causer de l'embarras.

On ne peut nier cependant qu'en dépit des formes les plus correctes ce fait ne se présente pas quelquefois dans l'artillerie et le génie, voire même dans l'intendance, où un adjoint appelé à être chef de service peut être amené à avoir autour de lui des officiers d'administration de rang supérieur. Dans les corps de troupe, ce sont les médecins assimilés; depuis le lieutenant jusqu'au commandant, ce sont les chefs de musique qui prennent rang (1).

L'article 302, qui punit les voies de fait, les outrages par paroles, gestes ou menaces « envers un militaire égal en grade ou en rang », ne sera compris par personne.

Dans le service, un militaire ne peut être l'égal de son camarade. Par le fait de la situation, il est sous ses ordres ou a son camarade sous les siens. Il n'y a rien là que d'assez net. L'un des deux commande.

Mais, en dehors du service, personne, je suppose, ne comprendra un militaire outragé par un égal et faisant appel aux tribunaux militaires. Tout au plus le pourrait-il si cet égal lui refusait la réparation.

Ce serait admettre des mœurs d'un genre nouveau qui seraient, on n'en pourra disconvenir, bien peu militaires (2).

---

(1) J'ai tenu à relever ces faits pour montrer que ces assimilations continuelles, qui établissent des correspondances de grade avec les officiers des troupes combattantes, n'ont pas été assez étudiées. On s'est laissé aller à des sentiments de démocratie libérale.

(2) Ceci, mais je n'ose le penser, peut-être dans la pensée que des cas de ce genre pourraient se produire entre les officiers de troupe et les assimilés ayant rang. C'est peu compréhensible.

Dans le même ordre d'idées se présente l'article 308 :

« Tout militaire coupable d'outrages par paroles, écrits, gestes ou menaces envers son inférieur est puni des peines prononcées par les lois ordinaires. »

Je n'avais jamais vu, jusqu'ici, cette répression assurée autrement que disciplinairement. Je ne m'explique guère qu'il en puisse être autrement, à moins d'un changement bien radical dans l'état d'esprit de l'armée.

Un soldat serait donc exposé à être traduit au conseil de guerre s'il se bousculait un peu avec son camarade de lit ! Un gradé y serait traduit si, dans un moment d'emportement, il prononçait quelques-uns de ces mots auxquels les oreilles sont suffisamment exercées dans les exercices et ailleurs !

A propos de ces articles, on explique qu'à propos du supérieur « en grade, en rang ou en commandement », on a voulu nettement « fixer la législation et accorder aux personnels assimilés la protection qui doit être la conséquence de la correspondance de leurs grades avec ceux de la hiérarchie militaire ».

On est donc fixé, sans l'approuver autrement.

L'explication de l'article 302 est bien moins acceptable. « Cet article, dit-on, a pour but de sauvegarder la dignité qui doit présider à toutes les relations du service, même entre égaux. »

Quant à l'article 308, l'explication qu'on en donne, que l' « on a voulu prévoir la généralité des voies de fait ou outrages commis envers les inférieurs et les punir conformément aux lois ordinaires », ne satisfera, je crois, personne.

———

XII

CONCLUSION

J'avais songé à résumer ces quelques
pages, mais, au moment où je les termine, je me rends compte que ce serait sans utilité, vu le peu de longueur
de cet exposé rapide.

Sauf pour les hommes absolument
prévenus contre la loi militaire en usage ou ceux qui ont quelque intérêt à la
voir renverser, tout le monde admettra,
je crois, que de pareils changements
sont exagérés, et que quelques modifications dans un sens libéral eussent suffi
pour satisfaire l'opinion, puisque l'opinion suppose qu'il faut entrer dans des
voies libérales en matière de justice, ce
qui est absolument discutable.

Ce n'est pas une phrase comme celle
qui commence l'exposé des motifs du
Projet de modification qui peut séduire
des esprits sages et des gens pondérés.

« La scène du monde change sans ces-

se; les lois se succèdent, et chaque époque y laisse l'empreinte de ses besoins,
de son esprit, souvent de ses passions.
Puis vient le temps d'élever un monument durable ; l'expérience a parlé, la
lumière s'est faite. On sépare ce qui est
bon et vrai de ce qui n'était que le besoin ou l'erreur du moment. »

En fait, maintenant qu'on a parcouru
les quelques pages de cette discussion,
que voit-on de meilleur dans le Projet
que ce qui existait ? Je parle d'une façon
générale. Quelle est l'erreur du moment
(1857) qu'on a retirée pour s'en tenir
au bon et au vrai ?

Est-ce la création d'un corps nouveau
de justice militaire ? Est-il bien nécessaire, surtout accompagné d'une décision qui enlève aux parquets militaires
la connaissance des délits et crimes de
droit commun des militaires pour la
passer aux tribunaux ordinaires ? Vous
diminuez le travail de ces parquets, non
seulement au point de vue du nombre
des affaires, mais au point de vue de
leur difficulté d'examen, car les crimes
militaires sont des plus simples à instruire, et c'est le moment que l'on choi-
sit pour en créer de plus savants en jurisprudence.

Ainsi qu'on l'a reproché, ne serait-ce
pas plutôt l'application faite à l'armée
des tendances que tout le monde est
d'accord pour reconnaître comme le plus

grand fléau de notre pays, l'augmentation des fonctionnaires?

Si l'on trouvait réellement dans les
parquets militaires, tels qu'ils sont, une
infériorité trop grande dans la connaissance du droit, il n'y avait qu'à y porter
remède en exigeant des garanties plus
grandes de savoir. On aurait trouvé cent
officiers pour se mettre au travail, s'ils
eussent su que les places de commissaire du gouvernement ou de rapporteur
leur eussent été octroyées après des examens de notions assez élevées du droit.

On a dit qu'on y avait été amené par
des idées d'imitation de nations voisines
où le système fonctionne très bien. J'ai
peine à le croire. L'imitation a servi
sans doute, mais n'a pas été le motif. Ce
serait d'ailleurs une idée très fausse.
Est-ce que, par exemple, les Allemands,
nos voisins, ont chez eux un corps de
l'intendance comme le nôtre? Non. Ils
sont cependant tous unanimes à faire
l'éloge de nos administrateurs militaires, mais ils se bornent à cela et ne nous
imitent pas.

On rêvait, j'en suis sûr, au début de
ces recherches de changements à notre
loi militaire, la diminution des peines
prononcées par ce que les bavards ap-
pellent encore la « loi sanglante ». Une
fois à l'ouvrage, on a compris le peu de
possibilité de faire ces réductions, et il
y a très peu de différences entre les énon-

cés de peines de la loi de 1857 et ceux du Projet.

J'aurais bien voulu voir tous les auteurs du Projet, lesquels étaient peut-être des enfants ou de très jeunes gens en 1870, en présence de la situation d'un pays dont les armées sont anéanties et vaincues, dont le territoire est envahi et la force brisée. Et cependant ce pays ne veut pas renoncer entièrement et perdre l'honneur. Comme ils auraient compris la nécessité d'une loi sans réticences! Il y avait des cours martiales à Saint-Denis pour le 13e corps, je crois; à Vincennes pour le 14e; il y en avait dans toutes nos armées de province. Et cependant que de défaillances!

C'est que le Code de 1857, fait surtout pour la paix, n'y avait pas préparé.

Oh! les réformateurs, combien il faut être circonspect vis-à-vis d'eux! Il y a toujours, dans l'énoncé de leurs idées, quelque chose qu'ils ne disent pas, quelque motif qu'ils n'expliquent pas, quelque sentiment auquel ils ont donné place et qui les étreint malgré eux.

Je me trouvais, par exemple, dernièrement, avec quelqu'un qui s'intéresse beaucoup, dit-il, au nouveau Code de justice militaire promis. Il ne comprend pas un jugement de cette justice qui ne soit motivé par écrit par chacun des membres du conseil. Impossible d'essayer même avec lui une discussion motivée sur ce sujet. C'est à croire, me disais-je, qu'il a eu autrefois des démêlés avec les juges militaires.

J'ai trouvé et je trouve encore, autour de moi, dans mes conversations journalières, nombre d'avocats—je ne dirai pas de magistrats, car de temps immémorial la magistrature civile et la magistrature militaire sont en antagonisme — et je ne sais guère pourquoi — je trouve, dis-je, foule d'avocats qui ont lu et lisent ces projets de Code nouveau sans même sourciller. Ils n'y voient rien que d'excellent.

Pourquoi? Le savent-ils eux-mêmes? C'est évidemment pour donner satisfaction à ce qu'on appelle à tort « le progrès » ou par un esprit de caste qui, pour moi, est indéfinissable, car, si je les interroge sur ce qu'ils ont à reprocher à la magistrature militaire, aux juges militaires et au Code militaire, ils sont unanimes à dire qu'aucune magistrature n'est plus soucieuse que la nôtre des droits de la défense; qu'ils trouvent que nos commissaires du gouvernement sont des gens zélés remplissant bien leurs devoirs, que nos conseils ont beaucoup d'équité et un état d'esprit parfait.

Ils prétendent même, et je ne pense pas que ce soit pour se moquer, qu'ils ne connaissent aucun tribunal où il y ait plus d'acquittements et d'ordonnan-

ces de non-lieu de par le fait de cet état
d'esprit.

Alors que demande-t-on? Que veut-
on?

Des commissaires du gouvernement
plus éloquents, des juges professionnels
plus blasés?

Pourquoi faire? Est-ce que la machine, telle qu'elle est organisée, fonctionne
mal?

J'entends bien qu'il y a, dans le rouage de la justice militaire, quelque chose
qui détonne mal aux yeux de la magistrature civile et de certains partis parlementaires. C'est le droit énorme du
général commandant.

Voilà un personnage qui, le plus souvent, n'est pas du tout ferré en droit, et
qui est tout-puissant en matière de justice. Il peut tout faire : informer, refuser
d'informer, mettre en jugement, donner
un ordre de non-lieu.

C'est exagéré, disent ceux dont je
viens de parler.

Ce sont ces magistrats-là qui, les premiers, ont demandé dans des thèses « la
création de commissions de garnison »,
sorte de chambres des mises en accusation qui examineraient les affaires et
fourniraient un avis.

En vertu, toutefois, de la discipline et
de la hiérarchie, on est forcé d'admettre
que le général sera en droit de ne pas
suivre cet avis; mais il le mentionnera

avec le pourquoi de sa décision, et ce sera une garantie !

Voilà une première observation à laquelle on a cru faire droit par la création projetée des « commissions d'accusation ».

A qui, cependant, mieux confier des droits superbes qu'à celui qui a le devoir de former les troupes qu'on lui confie pour faire la guerre et de les entraîner dans la contrainte de la discipline?

Certes, il sont grands les droits de ce chef. Il est indépendant, seul responsable; il accepte ou refuse les demandes d'instruction criminelle ; il a un commissaire du gouvernement pour les étudier, un rapporteur pour les établir et les exposer, et leur avis peut ne pas être du tout le sien.

Mais non, répondrai-je, non ! C'est lui seul qui est le chef, lui seul qui peut estimer ce que vaut le crime ou le délit pour la discipline générale de ses troupes.

Je passe aux membres du parquet.

Ceux-là étaient plus faciles à saisir dans les critiques, d'autant qu'ils ne pouvaient pas répondre.

On les a critiqués tout d'abord naturellement sur leur petite science du droit. On a écrit que « les attributions d'un commissaire du gouvernement demandaient, à la fois, jugement, impartialité, élocution facile et connaissance approfondie de la loi ». Cela, a-t-on dit, fait quelquefois défaut (on a même écrit *souvent*). De plus, le commissaire du gouvernement est officier, d'un grade inférieur à celui du président du conseil, ce qui est mauvais.

On a écrit que « les attributions d'un rapporteur du conseil de guerre, étant celles d'un juge d'instruction des tribunaux ordinaires, demandent plus de connaissances que n'en peut avoir le rapporteur, généralement un officier en retraite, sans études antérieures de ce genre. Et puis, comme au commissaire du gouvernement, on lui a reproché sa situation militaire, sa tenue militaire qui peut intimider les prévenus et les témoins ».

On n'osait pas ajouter que, dans ces conditions, il était tout indiqué de remplacer ces rapporteurs et ces commissaires du gouvernement par des fonctionnaires de la justice civile. C'était trop embarrassant de répondre à l'observation certaine que, pour faire ces fonctions-là, il faut avoir été de l'armée, la bien connaître, avoir partagé ses travaux, ses peines, ses exigences.

Et c'est pour donner le moyen terme que le Projet va créer une magistrature particulière à l'armée, qu'il recrutera dans l'armée, comme on y recrute les membres de l'intendance.

Du côté des juges, la question de personnes était plus difficile à traiter. On éteint tant qu'on le peut les droits du

général commandant, mais comment
toucher à ceux des officiers des conseils,
autrement qu'en leur imposant le vote
secret, qui implique la méfiance? On n'y
a pas manqué !

C'est un rouage particulier que celui
de ces juges des délits et des crimes militaires, qui ne sont ni juges, ni jurés
dans l'acception que donnent les magistrats à ces appellations, et qui sont, à
la fois, l'un et l'autre.

Ce serait vraiment bien peu connaître
les officiers de l'armée que de supposer
qu'ils ne peuvent être à la fois juges et
jurés.

En somme, comme vous le dit le Code
civil, « pour être juré, il faut un jugement sain et une conscience droite ».

Ceci est écrit en toutes lettres dans les
annexes.

Qui offre de meilleures garanties de
cela que des officiers ?

Pour être juge, faut-il vraiment de
hautes connaissances de jurisprudence ?
A quoi serviraient-elles ?

On vous dit, dans le Code :

« L'accusé reconnu coupable par vous,
après les débats que vous venez de suivre, est puni par le Code de telle peine
ou de telle autre peine, de telle ou telle
durée de ces peines. Choisissez ! »

Et vous voudriez voir, pour répondre
à cette simple question, des savants en
jurisprudence? Mais c'est précisément
parce qu'ils ne sont pas des licenciés en

droit que nos juges militaires, en dépit de ce qu'on prétend être la sévérité du Code, sont avant tout bienveillants et pleins de pitié pour leurs inférieurs en faute.

Et l'on a peine à se rendre compte que, pour critiquer les conseils de guerre, on s'appuie précisément sur les nombreux acquittements qu'ils prononcent, comme c'est sur les nombreuses ordonnances de non-lieu qu'ils décident qu'on s'appuie pour battre en brèche les généraux commandant les corps et les parquets de la justice militaire.

Cela paraîtra certainement extraordinaire.

Et, reproduisant, de plus, l'idée d'un de nos généraux fort érudit et fort entendu sur ces questions, j'ajouterai qu' « il paraîtra aussi bien peu nécessaire de profiter précisément d'une époque de notre existence nationale où, de l'avis de tous unanimement, nous sommes un peu sens-dessus dessous, pour faire une œuvre aussi compliquée qu'un Code nouveau ».

Quelques imperfections qu'ait celui de 1857, modifié en plusieurs points depuis, ce n'est pas le moment d'y porter la hache. Il fonctionne, il satisfait suffisamment les intérêts de l'armée. Laissons-le donc tel quel encore.

Je sais bien qu'il en est beaucoup qui, à la lecture de ces pages, que j'ai intitulées peut-être à tort : *Critique d'un project*, vont dire que les vieux soldats d'autrefois sont des intransigeants; que c'est leur politique d'intransigeance qui conduit aux bouleversements, à cause de la résistance qu'ils opposent. Je sais bien qu'on va dire que des changements qui paraissent étudiés, des réformes que l'on modère sagement, où l'on ne s'engage que prudemment, valent mieux que l'inertie dans les choses établies.

C'est au lecteur de ces quelques pages à répondre.

Je ne me mêle pas de politique et ne voudrais pour rien au monde m'en mêler; mais, puisque je vois, dans toute une série de discours politiques, ranger ce Projet parmi ceux d'un programme déterminé en politique, je ne puis que m'étonner de voir classer la justice militaire dans la rubrique pompeuse « des grandes réformes ».

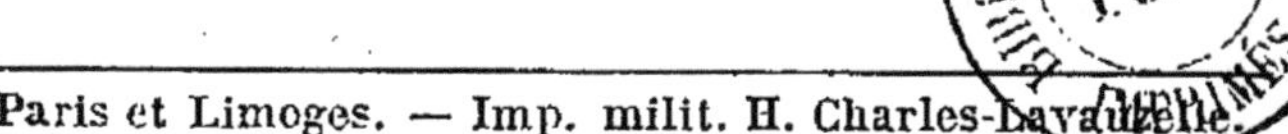

Librairie militaire Henri Charles-Lavauzelle
Paris et Limoges.

Défense des crêtes contre l'infanterie, par le général Le Joindre. — Brochure in-8° de 48 pages, avec 13 croquis dans le texte 1 50

Ecole régimentaire de tir à l'usage des officiers et sous-officiers d'infanterie, par le commandant breveté Allegret, du 4ᵉ tirailleurs algériens. — Volume in-8° de 140 pages, avec 11 croquis dans le texte .... 3 »

Les grandes manœuvres. — **Etude critique sur leur exécution**, par F. G***. — Volume in-8° de 232 pages, avec 15 croquis dans le texte .... 5 »

Etude sur le service en campagne, par le lieutenant-colonel breveté Ch. Laporte, du 142ᵉ d'infanterie. — Volume in-8° de 88 pages 1 50

G. Cardinal von Widdern. **La petite guerre et le service des étapes** (sauvegarde et transport), traduit par le lieutenant A. Coupin, du 50ᵉ d'infanterie. — Volume in-8° de 272 pages, avec 3 croquis dans le texte .... 4 »

Petites guerres : leurs principes et leur exécution. Ouvrage traduit et annoté par le lieutenant-colonel breveté Septans, de l'infanterie de marine. — Volume grand in-8° de 372 pages, avec 12 croquis 7 50

Les armées anciennes et les armées actuelles, par le colonel Bidault. — Volume in-8° de 252 pages, avec 10 croquis et 2 planches .... 4 »

Le service de l'infanterie en campagne. Quelques observations sur l'Instruction pratique provisoire du 24 décembre 1896, par R. Forward. — Br. in-8° de 24 pages .... » 60

Guide pour le chef d'une petite unité d'infanterie opérant la nuit (marche, avant-postes, combat, méthode d'instruction), par le capitaine breveté Niessel. — Volume in-8° d 100 pages, avec 6 croquis dans le texte 2

Le siège de Phalsbourg en 1870, par le commandant breveté Hollender, ✳. — Volume in-8° de 140 pages, avec 6 plans, croquis et gravures diverses 2 50

Considérations sur la défense de l'Algérie-Tunisie et l'armée d'Afrique, par R.-J. Frisch, capitaine au 106ᵉ d'infanterie, ancien officier des affaires arabes d'Algérie et du service des renseignements de Tunisie. — Vol. in-8° de 248 pages 3 50

Le catalogue général de la Librairie militaire est envoyé gratuitement à toute personne qui en fait la demande à l'éditeur Henri Charles-Lavauzelle.

9 782019 966829